TADJIQUE
VOCABULÁRIO

PALAVRAS MAIS ÚTEIS

PORTUGUÊS TADJIQUE

Para alargar o seu léxico e apurar as suas competências linguísticas

5000 palavras

Vocabulário Português-Tadjique - 5000 palavras
Por Andrey Taranov

Os vocabulários da T&P Books destinam-se a ajudar a aprender, a memorizar, e a rever palavras estrangeiras. O dicionário é dividido em temas, cobrindo todas as principais esferas de atividades quotidianas, negócios, ciência, cultura, etc.

O processo de aprendizagem, utilizando os dicionários baseados em temáticas da T&P Books dá-lhe as seguintes vantagens:

- Informação de origem corretamente agrupada predetermina o sucesso em fases subsequentes da memorização de palavras
- Disponibilização de palavras derivadas da mesma raiz, o que permite a memorização de unidades de texto (em vez de palavras separadas)
- Pequenas unidades de palavras facilitam o processo de estabelecimento de vínculos associativos necessários para a consolidação do vocabulário
- O nível de conhecimento da língua pode ser estimado pelo número de palavras aprendidas

Copyright © 2019 T&P Books Publishing

Todos os direitos reservados. Nenhuma parte desta publicação pode ser reproduzida, total ou parcialmente, por quaisquer métodos ou processos, sejam eles eletrónicos, mecânicos, de fotocópia ou outros, sem a autorização escrita do editor. Esta publicação não pode ser divulgada, copiada ou distribuída em nenhum formato.

T&P Books Publishing
www.tpbooks.com

ISBN: 978-1-78400-931-1

Este livro também está disponível em formato E-book.
Por favor visite www.tpbooks.com ou as principais livrarias on-line.

VOCABULÁRIO TADJIQUE
palavras mais úteis

Os vocabulários da T&P Books destinam-se a ajudar a aprender, a memorizar, e a rever palavras estrangeiras. O vocabulário contém mais de 5000 palavras de uso comum organizadas tematicamente.

O vocabulário contém as palavras mais comummente usadas
Recomendado como adicional para qualquer curso de línguas
Satisfaz as necessidades dos iniciados e dos alunos avançados de línguas estrangeiras
Conveniente para o uso diário, sessões de revisão e atividades de auto-teste
Permite avaliar o seu vocabulário

Características especias do vocabulário

- As palavras estão organizadas de acordo com o seu significado, e não por ordem alfabética
- As palavras são apresentadas em três colunas para facilitar os processos de revisão e auto-teste
- As palavras compostas são divididas em pequenos blocos para facilitar o processo de aprendizagem
- O vocabulário oferece uma transcrição simples e adequada de cada palavra estrangeira

O vocabulário contém 155 tópicos incluindo:

Conceitos básicos, Números, Cores, Meses, Estações do ano, Unidades de medida, Roupas & Acessórios, Alimentos & Nutrição, Restaurante, Membros da Família, Parentes, Caráter, Sentimentos, Emoções, Doenças, Cidade, Passeios, Compras, Dinheiro, Casa, Lar, Escritório, Trabalho no Escritório, Importação & Exportação, Marketing, Pesquisa de Emprego, Desportos, Educação, Computador, Internet, Ferramentas, Natureza, Países, Nacionalidades e muito mais ...

TABELA DE CONTEÚDOS

Guia de pronunciação	9
Abreviaturas	11

CONCEITOS BÁSICOS — 12
Conceitos básicos. Parte 1 — 12

1. Pronomes — 12
2. Cumprimentos. Saudações. Despedidas — 12
3. Como se dirigir a alguém — 13
4. Números cardinais. Parte 1 — 13
5. Números cardinais. Parte 2 — 14
6. Números ordinais — 15
7. Números. Frações — 15
8. Números. Operações básicas — 15
9. Números. Diversos — 16
10. Os verbos mais importantes. Parte 1 — 16
11. Os verbos mais importantes. Parte 2 — 17
12. Os verbos mais importantes. Parte 3 — 18
13. Os verbos mais importantes. Parte 4 — 19
14. Cores — 20
15. Questões — 20
16. Preposições — 21
17. Palavras funcionais. Advérbios. Parte 1 — 21
18. Palavras funcionais. Advérbios. Parte 2 — 23

Conceitos básicos. Parte 2 — 25

19. Dias da semana — 25
20. Horas. Dia e noite — 25
21. Meses. Estações — 26
22. Unidades de medida — 28
23. Recipientes — 29

O SER HUMANO — 30
O ser humano. O corpo — 30

24. Cabeça — 30
25. Corpo humano — 31

Vestuário & Acessórios — 32

26. Roupa exterior. Casacos — 32
27. Vestuário de homem & mulher — 32

28. Vestuário. Roupa interior 33
29. Adereços de cabeça 33
30. Calçado 33
31. Acessórios pessoais 34
32. Vestuário. Diversos 34
33. Cuidados pessoais. Cosméticos 35
34. Relógios de pulso. Relógios 36

Alimentação. Nutrição 37

35. Comida 37
36. Bebidas 38
37. Vegetais 39
38. Frutos. Nozes 40
39. Pão. Bolaria 41
40. Pratos cozinhados 41
41. Especiarias 42
42. Refeições 43
43. Por a mesa 44
44. Restaurante 44

Família, parentes e amigos 45

45. Informação pessoal. Formulários 45
46. Membros da família. Parentes 45

Medicina 47

47. Doenças 47
48. Sintomas. Tratamentos. Parte 1 48
49. Sintomas. Tratamentos. Parte 2 49
50. Sintomas. Tratamentos. Parte 3 50
51. Médicos 51
52. Medicina. Drogas. Acessórios 51

HABITAT HUMANO 53
Cidade 53

53. Cidade. Vida na cidade 53
54. Instituições urbanas 54
55. Sinais 55
56. Transportes urbanos 56
57. Turismo 57
58. Compras 58
59. Dinheiro 59
60. Correios. Serviço postal 60

Moradia. Casa. Lar 61

61. Casa. Eletricidade 61

62. Moradia. Mansão	61
63. Apartamento	61
64. Mobiliário. Interior	62
65. Quarto de dormir	63
66. Cozinha	63
67. Casa de banho	64
68. Eletrodomésticos	65

ATIVIDADES HUMANAS	66
Emprego. Negócios. Parte 1	66
69. Escritório. O trabalho no escritório	66
70. Processos negociais. Parte 1	67
71. Processos negociais. Parte 2	68
72. Produção. Trabalhos	69
73. Contrato. Acordo	70
74. Importação & Exportação	71
75. Finanças	71
76. Marketing	72
77. Publicidade	73
78. Banca	73
79. Telefone. Conversação telefónica	74
80. Telefone móvel	75
81. Estacionário	75
82. Tipos de negócios	76

Emprego. Negócios. Parte 2	78
83. Espetáculo. Feira	78
84. Ciência. Investigação. Cientistas	79

Profissões e ocupações	81
85. Procura de emprego. Demissão	81
86. Gente de negócios	81
87. Profissões de serviços	82
88. Profissões militares e postos	83
89. Oficiais. Padres	84
90. Profissões agrícolas	84
91. Profissões artísticas	85
92. Várias profissões	85
93. Ocupações. Estatuto social	87

Educação	88
94. Escola	88
95. Colégio. Universidade	89
96. Ciências. Disciplinas	90
97. Sistema de escrita. Ortografia	90
98. Línguas estrangeiras	91

Descanso. Entretenimento. Viagens	93
99. Viagens	93
100. Hotel	93

EQUIPAMENTO TÉCNICO. TRANSPORTES	95
Equipamento técnico. Transportes	95
101. Computador	95
102. Internet. E-mail	96
103. Eletricidade	97
104. Ferramentas	97

Transportes	100
105. Avião	100
106. Comboio	101
107. Barco	102
108. Aeroporto	103

Eventos	105
109. Férias. Evento	105
110. Funerais. Enterro	106
111. Guerra. Soldados	106
112. Guerra. Ações militares. Parte 1	108
113. Guerra. Ações militares. Parte 2	109
114. Armas	110
115. Povos da antiguidade	112
116. Idade média	113
117. Líder. Chefe. Autoridades	114
118. Viloação da lei. Criminosos. Parte 1	115
119. Viloação da lei. Criminosos. Parte 2	116
120. Polícia. Lei. Parte 1	117
121. Polícia. Lei. Parte 2	118

NATUREZA	120
A Terra. Parte 1	120
122. Espaço sideral	120
123. A Terra	121
124. Pontos cardeais	122
125. Mar. Oceano	122
126. Nomes de Mares e Oceanos	123
127. Montanhas	124
128. Nomes de montanhas	125
129. Rios	125
130. Nomes de rios	126
131. Floresta	126
132. Recursos naturais	127

A Terra. Parte 2   129

133. Tempo   129
134. Tempo extremo. Catástrofes naturais   130

Fauna   131

135. Mamíferos. Predadores   131
136. Animais selvagens   131
137. Animais domésticos   132
138. Pássaros   133
139. Peixes. Animais marinhos   135
140. Amfíbios. Répteis   135
141. Insetos   136

Flora   137

142. Árvores   137
143. Arbustos   137
144. Frutos. Bagas   138
145. Flores. Plantas   139
146. Cereais, grãos   140

PAÍSES. NACIONALIDADES   141

147. Europa Ocidental   141
148. Europa Central e de Leste   141
149. Países da ex-URSS   142
150. Asia   142
151. América do Norte   143
152. América Central do Sul   143
153. Africa   143
154. Austrália. Oceania   144
155. Cidades   144

GUIA DE PRONUNCIAÇÃO

Letra	Exemplo Tadjique	Alfabeto fonético T&P	Exemplo Português
А а	Раҳмат!	[a]	chamar
Б б	бесоҳиб	[b]	barril
В в	вафодорӣ	[v]	fava
Г г	гулмоҳӣ	[g]	gosto
Ғ ғ	мурғобӣ	[ʁ]	[r] vibrante
Д д	мадд	[d]	dentista
Е е	телескоп	[e:]	plateia
Ё ё	сайёра	[jɔ]	ioga
Ж ж	аждаҳо	[ʒ]	talvez
З з	сӯзанда	[z]	sésamo
И и	шифт	[i]	sinónimo
Ӣ ӣ	обчакорӣ	[i:]	cair
Й й	ҳайкал	[j]	géiser
К к	коргардон	[k]	kiwi
Қ қ	нуқта	[q]	teckel
Л л	пилла	[l]	libra
М м	мусиқачӣ	[m]	magnólia
Н н	нонвой	[n]	natureza
О о	посбон	[o:]	albatroz
П п	папка	[p]	presente
Р р	чароғак	[r]	riscar
С с	суръат	[s]	sanita
Т т	тарқиш	[t]	tulipa
У у	муҳаррик	[u]	bonita
Ӯ ӯ	кӯшк	[œ]	orgulhoso
Ф ф	фурӯш	[f]	safári
Х х	хушксолӣ	[χ]	fricativa uvular surda
Ҳ ҳ	чарогоҳ	[h]	[h] aspirada
Ч ч	чароғ	[ʧ]	Tchau!
Ҷ ҷ	ҷанҷол	[ʤ]	adjetivo
Ш ш	нашриёт	[ʃ]	mês
Ъ ъ [1]	таърихдон	[:], [ˀ]	letra muda
Э э	эҳтимолӣ	[ɛ]	mesquita
Ю ю	юнонӣ	[ju]	nacional
Я я	яхбурча	[ja]	Himalaias

Comentários

[1] [:] - Prolonga a vogal anterior; ['] - após consoantes é usado como um 'sinal forte'

ABREVIATURAS
usadas no vocabulário

Abreviaturas do Português

adj	-	adjetivo
adv	-	advérbio
anim.	-	animado
conj.	-	conjunção
desp.	-	desporto
etc.	-	etecetra
ex.	-	por exemplo
f	-	nome feminino
f pl	-	feminino plural
fem.	-	feminino
inanim.	-	inanimado
m	-	nome masculino
m pl	-	masculino plural
m, f	-	masculino, feminino
masc.	-	masculino
mat.	-	matemática
mil.	-	militar
pl	-	plural
prep.	-	preposição
pron.	-	pronome
sb.	-	sobre
sing.	-	singular
v aux	-	verbo auxiliar
vi	-	verbo intransitivo
vi, vt	-	verbo intransitivo, transitivo
vr	-	verbo reflexivo
vt	-	verbo transitivo

CONCEITOS BÁSICOS

Conceitos básicos. Parte 1

1. Pronomes

eu	**ман**	[man]
tu	**ту**	[tu]
ele	**ӯ, вай**	[œ], [vaj]
ela	**ӯ, вай**	[œ], [vaj]
ele, ela (neutro)	**он**	[on]
nós	**мо**	[mo]
vocês	**шумо**	[ʃumo]
você (sing.)	**Шумо**	[ʃumo]
você (pl)	**Шумо**	[ʃumo]
eles, elas (inanim.)	**онон**	[onon]
eles, elas (anim.)	**онҳо, вайҳо**	[onho], [vajho]

2. Cumprimentos. Saudações. Despedidas

Olá!	**Салом!**	[salom]
Bom dia! (formal)	**Ассалом!**	[assalom]
Bom dia! (de manhã)	**Субҳатон ба хайр!**	[subhaton ba χajr]
Boa tarde!	**Рӯз ба хайр!**	[rœz ba χajr]
Boa noite!	**Шом ба хайр!**	[ʃom ba χajr]
cumprimentar (vt)	**саломалейк кардан**	[salomalejk kardan]
Olá!	**Ассалом! Салом!**	[assalom salom]
saudação (f)	**вохӯрдӣ**	[voχœrdi:]
saudar (vt)	**вохӯрдӣ кардан**	[voχœrdi: kardan]
Como vai?	**Корҳоятон чӣ хел?**	[korhojaton ʧi: χel]
Como vais?	**Корҳоят чӣ хел?**	[korhojat ʧi: χel]
O que há de novo?	**Чӣ навигарӣ?**	[ʧi: navigari:]
Adeus! (formal)	**То дидан!**	[to didan]
Até à vista! (informal)	**Хайр!**	[χajr]
Até breve!	**То вохӯрии наздик!**	[to voχœri:i nazdik]
Adeus! (sing.)	**Падруд!**	[padrud]
Adeus! (pl)	**Хайрбод! Падруд!**	[χajrbod padrud]
despedir-se (vr)	**падруд гуфтан**	[padrud guftan]
Até logo!	**Хайр!**	[χajr]
Obrigado! -a!	**Раҳмат!**	[rahmat]
Muito obrigado! -a!	**Бисёр раҳмат!**	[bisjɔr rahmat]

De nada	**Марҳамат!**	[marhamat]
Não tem de quê	**Намеарзад**	[namearzad]
De nada	**Намеарзад**	[namearzad]
Desculpa!	**Бубахш!**	[bubaχʃ]
Desculpe!	**Бубахшед!**	[bubaχʃed]
desculpar (vt)	**афв кардан**	[afv kardan]
desculpar-se (vr)	**узр пурсидан**	[uzr pursidan]
As minhas desculpas	**Маро бубахшед**	[maro bubaχʃed]
Desculpe!	**Бубахшед!**	[bubaχʃed]
perdoar (vt)	**бахшидан**	[baχʃidan]
Não faz mal	**Ҳеч гап не**	[hetʃ gap ne]
por favor	**илтимос**	[iltimos]
Não se esqueça!	**Фаромӯш накунед!**	[faromœʃ nakuned]
Certamente! Claro!	**Албатта!**	[albatta]
Claro que não!	**Албатта не!**	[albatta ne]
Está bem! De acordo!	**Розӣ!**	[rozi:]
Basta!	**Бас!**	[bas]

3. Como se dirigir a alguém

Desculpe (para chamar a atenção)	**Мебахшед!**	[mebaχʃed]
senhor	**ҷаноб, оқо**	[dʒanob], [oqo]
senhora	**хонум, бону**	[χonum], [bonu]
rapariga	**ҷавондухтар**	[dʒavonduχtar]
rapaz	**ҷавон**	[dʒavon]
menino	**писарбача**	[pisarbatʃa]
menina	**духтарча, духтарак**	[duχtartʃa], [duχtarak]

4. Números cardinais. Parte 1

zero	**сифр**	[sifr]
um	**як**	[jak]
dois	**ду**	[du]
três	**се**	[se]
quatro	**чор, чаҳор**	[tʃor], [tʃahor]
cinco	**панҷ**	[pandʒ]
seis	**шаш**	[ʃaʃ]
sete	**ҳафт**	[haft]
oito	**ҳашт**	[haʃt]
nove	**нуҳ**	[nuh]
dez	**даҳ**	[dah]
onze	**ёздаҳ**	[jɔzdah]
doze	**дувоздаҳ**	[duvozdah]
treze	**сездаҳ**	[sezdah]
catorze	**чордаҳ**	[tʃordah]
quinze	**понздаҳ**	[ponzdah]

dezasseis	**шонздаҳ**	[ʃonzdah]
dezassete	**ҳафдаҳ**	[hafdah]
dezoito	**ҳаждаҳ**	[haʒdah]
dezanove	**нуздаҳ**	[nuzdah]
vinte	**бист**	[bist]
vinte e um	**бисту як**	[bistu jak]
vinte e dois	**бисту ду**	[bistu du]
vinte e três	**бисту се**	[bistu se]
trinta	**сӣ**	[si:]
trinta e um	**сию як**	[siju jak]
trinta e dois	**сию ду**	[siju du]
trinta e três	**сию се**	[siju se]
quarenta	**чил**	[ʧil]
quarenta e um	**чилу як**	[ʧilu jak]
quarenta e dois	**чилу ду**	[ʧilu du]
quarenta e três	**чилу се**	[ʧilu se]
cinquenta	**панҷоҳ**	[panʤoh]
cinquenta e um	**панҷоҳу як**	[panʤohu jak]
cinquenta e dois	**панҷоҳу ду**	[panʤohu du]
cinquenta e três	**панҷоҳу се**	[panʤohu se]
sessenta	**шаст**	[ʃast]
sessenta e um	**шасту як**	[ʃastu jak]
sessenta e dois	**шасту ду**	[ʃastu du]
sessenta e três	**шасту се**	[ʃastu se]
setenta	**ҳафтод**	[haftod]
setenta e um	**ҳафтоду як**	[haftodu jak]
setenta e dois	**ҳафтоду ду**	[haftodu du]
setenta e três	**ҳафтоду се**	[haftodu se]
oitenta	**ҳаштод**	[haʃtod]
oitenta e um	**ҳаштоду як**	[haʃtodu jak]
oitenta e dois	**ҳаштоду ду**	[haʃtodu du]
oitenta e três	**ҳаштоду се**	[haʃtodu se]
noventa	**навад**	[navad]
noventa e um	**наваду як**	[navadu jak]
noventa e dois	**наваду ду**	[navadu du]
noventa e três	**наваду се**	[navadu se]

5. Números cardinais. Parte 2

cem	**сад**	[sad]
duzentos	**дусад**	[dusad]
trezentos	**сесад**	[sesad]
quatrocentos	**чорсад, чаҳорсад**	[ʧorsad], [ʧahorsad]
quinhentos	**панҷсад**	[panʤsad]
seiscentos	**шашсад**	[ʃaʃsad]
setecentos	**ҳафтсад**	[haftsad]

oitocentos	ҳаштсад	[haʃtsad]
novecentos	нӯҳсадум	[nœhsadum]
mil	ҳазор	[hazor]
dois mil	ду ҳазор	[du hazor]
De quem são ...?	се ҳазор	[se hazor]
dez mil	даҳ ҳазор	[dah hazor]
cem mil	сад ҳазор	[sad hazor]
um milhão	миллион	[million]
mil milhões	миллиард	[milliard]

6. Números ordinais

primeiro	якум	[jakum]
segundo	дуюм	[dujum]
terceiro	сеюм	[sejum]
quarto	чорум	[tʃorum]
quinto	панчум	[pandʒum]
sexto	шашум	[ʃaʃum]
sétimo	ҳафтум	[haftum]
oitavo	ҳаштум	[haʃtum]
nono	нӯҳум	[nœhum]
décimo	даҳӯм	[dahœm]

7. Números. Frações

fração (f)	каср	[kasr]
um meio	аз ду як ҳисса	[az du jak hissa]
um terço	аз се як ҳисса	[az se jak hissa]
um quarto	аз чор як ҳисса	[az tʃor jak hissa]
um oitavo	аз ҳашт як ҳисса	[az haʃt jak hissa]
um décimo	аз даҳ як ҳисса	[az dah jak hissa]
dois terços	аз се ду ҳисса	[az se du hissa]
três quartos	аз чор се ҳисса	[az tʃor se hissa]

8. Números. Operações básicas

subtração (f)	тарҳ	[tarh]
subtrair (vi, vt)	тарҳ кардан	[tarh kardan]
divisão (f)	тақсим	[taqsim]
dividir (vt)	тақсим кардан	[taqsim kardan]
adição (f)	ҷамъ кардани	[dʒam' kardani]
somar (vt)	ҷамъ кардан	[dʒam' kardan]
adicionar (vt)	ҷамъ кардан	[dʒam' kardan]
multiplicação (f)	зарб, зарбзанӣ	[zarb], [zarbzani:]
multiplicar (vt)	зарб задан	[zarb zadan]

9. Números. Diversos

algarismo, dígito (m)	**рақам**	[raqam]
número (m)	**адад**	[adad]
numeral (m)	**шумора**	[ʃumora]
menos (m)	**тарҳ**	[tarh]
mais (m)	**ҷамъ**	[ʤam']
fórmula (f)	**формула**	[formula]
cálculo (m)	**ҳисоб кардани**	[hisob kardani]
contar (vt)	**шумурдан**	[ʃumurdan]
calcular (vt)	**ҳисоб кардан**	[hisob kardan]
comparar (vt)	**муқоиса кардан**	[muqoisa kardan]
Quanto?	**Чӣ қадар?**	[ʧi: qadar]
Quantos? -as?	**Чанд-то?**	[ʧand-to]
soma (f)	**ҳосили ҷамъ**	[hosili ʤam']
resultado (m)	**натиҷа**	[natiʤa]
resto (m)	**бақия**	[baqija]
alguns, algumas ...	**якчанд**	[jakʧand]
um pouco de ...	**чанд**	[ʧand]
resto (m)	**боқимонда**	[boqimonda]
um e meio	**якуним**	[jakunim]
ao meio	**ним**	[nim]
em partes iguais	**баробар**	[barobar]
metade (f)	**нисф**	[nisf]
vez (f)	**бор**	[bor]

10. Os verbos mais importantes. Parte 1

abrir (vt)	**кушодан**	[kuʃodan]
acabar, terminar (vt)	**тамом кардан**	[tamom kardan]
aconselhar (vt)	**маслиҳат додан**	[maslihat dodan]
adivinhar (vt)	**ёфтан**	[jɔftan]
advertir (vt)	**танбеҳ додан**	[tanbeh dodan]
ajudar (vt)	**кумак кардан**	[kumak kardan]
almoçar (vi)	**хӯроки пешин хӯрдан**	[χœroki peʃin χœrdan]
alugar (~ um apartamento)	**ба иҷора гирифтан**	[ba iʤora giriftan]
amar (vt)	**дӯст доштан**	[dœst doʃtan]
ameaçar (vt)	**дӯғ задан**	[dœʁ zadan]
anotar (escrever)	**навиштан**	[naviʃtan]
apanhar (vt)	**доштан**	[doʃtan]
apressar-se (vr)	**шитоб кардан**	[ʃitob kardan]
arrepender-se (vr)	**таассуф хӯрдан**	[taassuf χœrdan]
assinar (vt)	**имзо кардан**	[imzo kardan]
atirar, disparar (vi)	**тир задан**	[tir zadan]
brincar (vi)	**шӯхӣ кардан**	[ʃœχi: kardan]
brincar, jogar (crianças)	**бозӣ кардан**	[bozi: kardan]

buscar (vt)	**чустан**	[ʤustan]
caçar (vi)	**шикор кардан**	[ʃikor kardan]
cair (vi)	**афтодан**	[aftodan]
cavar (vt)	**кофтан**	[koftan]
cessar (vt)	**бас кардан**	[bas kardan]
chamar (~ por socorro)	**чеғ задан**	[ʤeʁ zadan]
chegar (vi)	**расидан**	[rasidan]
chorar (vi)	**гиря кардан**	[girja kardan]
começar (vt)	**сар кардан**	[sar kardan]
comparar (vt)	**муқоиса кардан**	[muqoisa kardan]
compreender (vt)	**фаҳмидан**	[fahmidan]
concordar (vi)	**розигӣ додан**	[rozigi: dodan]
confiar (vt)	**бовар кардан**	[bovar kardan]
confundir (equivocar-se)	**иштибоҳ кардан**	[iʃtiboh kardan]
conhecer (vt)	**донистан**	[donistan]
contar (fazer contas)	**ҳисоб кардан**	[hisob kardan]
contar com (esperar)	**умед бастан**	[umed bastan]
continuar (vt)	**давомат кардан**	[davomat kardan]
controlar (vt)	**назорат кардан**	[nazorat kardan]
convidar (vt)	**даъват кардан**	[da'vat kardan]
correr (vi)	**давидан**	[davidan]
criar (vt)	**офаридан**	[ofaridan]
custar (vt)	**арзидан**	[arzidan]

11. Os verbos mais importantes. Parte 2

dar (vt)	**додан**	[dodan]
dar uma dica	**луқма додан**	[luqma dodan]
decorar (enfeitar)	**оростан**	[orostan]
defender (vt)	**муҳофиза кардан**	[muhofiza kardan]
deixar cair (vt)	**афтондан**	[aftondan]
descer (para baixo)	**фуромадан**	[furomadan]
desculpar (vt)	**афв кардан**	[afv kardan]
desculpar-se (vr)	**узр пурсидан**	[uzr pursidan]
dirigir (~ uma empresa)	**сардорӣ кардан**	[sardori: kardan]
discutir (notícias, etc.)	**муҳокима кардан**	[muhokima kardan]
dizer (vt)	**гуфтан**	[guftan]
duvidar (vt)	**шак доштан**	[ʃak doʃtan]
encontrar (achar)	**ёфтан**	[jɔftan]
enganar (vt)	**фирефтан**	[fireftan]
entrar (na sala, etc.)	**даромадан**	[daromadan]
enviar (uma carta)	**ирсол кардан**	[irsol kardan]
errar (equivocar-se)	**хато кардан**	[χato kardan]
escolher (vt)	**интихоб кардан**	[intiχob kardan]
esconder (vt)	**пинҳон кардан**	[pinhon kardan]
escrever (vt)	**навиштан**	[naviʃtan]
esperar (o autocarro, etc.)	**поидан**	[poidan]

esperar (ter esperança)	умед доштан	[umed doʃtan]
esquecer (vt)	фаромӯш кардан	[faromœʃ kardan]
estudar (vt)	омӯхтан	[omœχtan]
exigir (vt)	талаб кардан	[talab kardan]
existir (vi)	зиндагӣ кардан	[zindagi: kardan]
falar (vi)	гап задан	[gap zadan]
faltar (clases, etc.)	набудан	[nabudan]
fazer (vt)	кардан	[kardan]
ficar em silêncio	хомӯш будан	[χomœʃ budan]
gabar-se, jactar-se (vr)	худситоӣ кардан	[χudsitoi: kardan]
gostar (apreciar)	форидан	[foridan]
gritar (vi)	дод задан	[dod zadan]
guardar (cartas, etc.)	нигоҳ доштан	[nigoh doʃtan]
informar (vt)	ахборот додан	[aχborot dodan]
insistir (vi)	сахт истодан	[saχt istodan]
insultar (vt)	таҳқир кардан	[tahqir kardan]
interessar-se (vr)	ҳавас кардан	[havas kardan]
ir (a pé)	рафтан	[raftan]
ir nadar	оббозӣ кардан	[obbozi: kardan]
jantar (vi)	хӯроки шом хӯрдан	[χœroki ʃom χœrdan]

12. Os verbos mais importantes. Parte 3

ler (vt)	хондан	[χondan]
libertar (cidade, etc.)	озод кардан	[ozod kardan]
matar (vt)	куштан	[kuʃtan]
mencionar (vt)	гуфта гузаштан	[gufta guzaʃtan]
mostrar (vt)	нишон додан	[niʃon dodan]
mudar (modificar)	иваз кардан	[ivaz kardan]
nadar (vi)	шино кардан	[ʃino kardan]
negar-se a ...	рад кардан	[rad kardan]
objetar (vt)	зид баромадан	[zid baromadan]
observar (vt)	назорат кардан	[nazorat kardan]
ordenar (mil.)	фармон додан	[farmon dodan]
ouvir (vt)	шунидан	[ʃunidan]
pagar (vt)	пул додан	[pul dodan]
parar (vi)	истодан	[istodan]
participar (vi)	иштирок кардан	[iʃtirok kardan]
pedir (comida)	супоридан	[suporidan]
pedir (um favor, etc.)	пурсидан	[pursidan]
pegar (tomar)	гирифтан	[giriftan]
pensar (vt)	фикр кардан	[fikr kardan]
perceber (ver)	дида мондан	[dida mondan]
perdoar (vt)	бахшидан	[baχʃidan]
perguntar (vt)	пурсидан	[pursidan]
permitir (vt)	иҷозат додан	[idʒozat dodan]
pertencer a ...	таалуқ доштан	[taaluq doʃtan]
planear (vt)	нақша кашидан	[naqʃa kaʃidan]

poder (vi)	**тавонистан**	[tavonistan]
possuir (vt)	**соҳиб будан**	[sohib budan]
preferir (vt)	**бехтар донистан**	[beχtar donistan]
preparar (vt)	**пухтан**	[puχtan]
prever (vt)	**пешбинӣ кардан**	[peʃbini: kardan]
prometer (vt)	**ваъда додан**	[va'da dodan]
pronunciar (vt)	**талаффуз кардан**	[talaffuz kardan]
propor (vt)	**таклиф кардан**	[taklif kardan]
punir (castigar)	**ҷазо додан**	[ʤazo dodan]

13. Os verbos mais importantes. Parte 4

quebrar (vt)	**шикастан**	[ʃikastan]
queixar-se (vr)	**шикоят кардан**	[ʃikojat kardan]
querer (desejar)	**хостан**	[χostan]
recomendar (vt)	**маслиҳат додан**	[maslihat dodan]
repetir (dizer outra vez)	**такрор кардан**	[takror kardan]
repreender (vt)	**дашном додан**	[daʃnom dodan]
reservar (~ um quarto)	**нигоҳ доштан**	[nigoh doʃtan]
responder (vt)	**ҷавоб додан**	[ʤavob dodan]
rezar, orar (vi)	**намоз хондан**	[namoz χondan]
rir (vi)	**хандидан**	[χandidan]
roubar (vt)	**дуздидан**	[duzdidan]
saber (vt)	**донистан**	[donistan]
sair (~ de casa)	**баромадан**	[baromadan]
salvar (vt)	**наҷот додан**	[naʤot dodan]
seguir ...	**рафтан**	[raftan]
sentar-se (vr)	**нишастан**	[niʃastan]
ser necessário	**даркор будан**	[darkor budan]
ser, estar	**будан**	[budan]
significar (vt)	**маъно доштан**	[ma'no doʃtan]
sorrir (vi)	**табассум кардан**	[tabassum kardan]
subestimar (vt)	**хунукназарӣ кардан**	[χunuknazari: kardan]
surpreender-se (vr)	**ба ҳайрат афтодан**	[ba hajrat aftodan]
tentar (vt)	**озмоиш кардан**	[ozmoiʃ kardan]
ter (vt)	**доштан**	[doʃtan]
ter fome	**хӯрок хостан**	[χœrok χostan]
ter medo	**тарсидан**	[tarsidan]
ter sede	**об хостан**	[ob χostan]
tocar (com as mãos)	**даст расондан**	[dast rasondan]
tomar o pequeno-almoço	**ноништа кардан**	[noniʃta kardan]
trabalhar (vi)	**кор кардан**	[kor kardan]
traduzir (vt)	**тарҷума кардан**	[tarʤuma kardan]
unir (vt)	**якҷоя кардан**	[jakʤoja kardan]
vender (vt)	**фурӯхтан**	[furœχtan]
ver (vt)	**дидан**	[didan]

virar (ex. ~ à direita)	**гардонидан**	[gardonidan]
voar (vi)	**паридан**	[paridan]

14. Cores

cor (f)	**ранг**	[rang]
matiz (m)	**тобиш**	[tobiʃ]
tom (m)	**тобиш, лавн**	[tobiʃ], [lavn]
arco-íris (m)	**рангинкамон**	[ranginkamon]
branco	**сафед**	[safed]
preto	**сиёҳ**	[sijɔh]
cinzento	**адкан**	[adkan]
verde	**сабз, кабуд**	[sabz], [kabud]
amarelo	**зард**	[zard]
vermelho	**сурх, арғувонӣ**	[surχ], [arʁuvoni:]
azul	**кабуд**	[kabud]
azul claro	**осмонӣ**	[osmoni:]
rosa	**гулобӣ**	[gulobi:]
laranja	**норанҷӣ**	[norandʒi:]
violeta	**бунафш**	[bunafʃ]
castanho	**қаҳвагӣ**	[qahvagi:]
dourado	**тиллоранг**	[tillorang]
prateado	**нуқрафом**	[nuqrafom]
bege	**каҳваранг**	[kahvarang]
creme	**зардтоб**	[zardtob]
turquesa	**фирӯзаранг**	[firœzarang]
vermelho cereja	**олуболугӣ**	[olubolugi:]
lilás	**бунафш, нофармон**	[bunafʃ], [nofarmon]
carmesim	**сурхи сиеҳтоб**	[surχi siehtob]
claro	**кушод**	[kuʃod]
escuro	**торик**	[torik]
vivo	**тоза**	[toza]
de cor	**ранга**	[ranga]
a cores	**ранга**	[ranga]
preto e branco	**сиёҳу сафед**	[sijɔhu safed]
unicolor	**якранга**	[jakranga]
multicor	**рангоранг**	[rangorang]

15. Questões

Quem?	**Кӣ?**	[ki:]
Que?	**Чӣ?**	[ʧi:]
Onde?	**Дар куҷо?**	[dar kudʒo]
Para onde?	**Куҷо?**	[kudʒo]
De onde?	**Аз куҷо?**	[az kudʒo]

Quando?	**Кай?**	[kaj]
Para quê?	**Барои чӣ?**	[baroi ʧi:]
Porquê?	**Барои чӣ?**	[baroi ʧi:]
Para quê?	**Барои чӣ?**	[baroi ʧi:]
Como?	**Чӣ хел?**	[ʧi: χel]
Qual?	**Кадом?**	[kadom]
Qual? (entre dois ou mais)	**Чанд? Чандум?**	[ʧand ʧandum]
A quem?	**Ба кӣ?**	[ba ki:]
Sobre quem?	**Дар бораи кӣ?**	[dar borai ki:]
Do quê?	**Дар бораи чӣ?**	[dar borai ʧi:]
Com quem?	**Бо кӣ?**	[bo ki:]
Quantos? -as?	**Чанд-то?**	[ʧand-to]
Quanto?	**Чӣ қадар?**	[ʧi: qadar]
De quem?	**Аз они кӣ?**	[az oni ki:]

16. Preposições

com (prep.)	**бо, ҳамроҳи**	[bo], [hamrohi]
sem (prep.)	**бе**	[be]
a, para (exprime lugar)	**ба**	[ba]
sobre (ex. falar ~)	**дар бораи**	[dar borai]
antes de ...	**пеш аз**	[peʃ az]
diante de ...	**дар пеши**	[dar peʃi]
sob (debaixo de)	**таги**	[tagi]
sobre (em cima de)	**дар болои**	[dar boloi]
sobre (~ a mesa)	**ба болои**	[ba boloi]
de (vir ~ Lisboa)	**аз**	[az]
de (feito ~ pedra)	**аз**	[az]
dentro de (~ dez minutos)	**баъд аз**	[ba'd az]
por cima de ...	**аз болои ...**	[az boloi]

17. Palavras funcionais. Advérbios. Parte 1

Onde?	**Дар куҷо?**	[dar kuʤo]
aqui	**ин ҷо**	[in ʤo]
lá, ali	**он ҷо**	[on ʤo]
em algum lugar	**дар куҷое**	[dar kuʤoe]
em lugar nenhum	**дар ҳеҷ ҷо**	[dar heʤ ʤo]
ao pé de ...	**дар назди ...**	[dar nazdi]
ao pé da janela	**дар назди тиреза**	[dar nazdi tireza]
Para onde?	**Куҷо?**	[kuʤo]
para cá	**ин чо**	[in ʧo]
para lá	**ба он ҷо**	[ba on ʤo]
daqui	**аз ин ҷо**	[az in ʤo]

de lá, dali	**аз он ҷо**	[az on ʤo]
perto	**наздик**	[nazdik]
longe	**дур**	[dur]
perto de …	**дар бари**	[dar bari]
ao lado de	**бисёр наздик**	[bisjɔr nazdik]
perto, não fica longe	**наздик**	[nazdik]
esquerdo	**чап**	[ʧap]
à esquerda	**аз чап**	[az ʧap]
para esquerda	**ба тарафи чап**	[ba tarafi ʧap]
direito	**рост**	[rost]
à direita	**аз рост**	[az rost]
para direita	**ба тарафи рост**	[ba tarafi rost]
à frente	**аз пеш**	[az peʃ]
da frente	**пешин**	[peʃin]
em frente (para a frente)	**ба пеш**	[ba peʃ]
atrás de …	**дар қафои**	[dar qafoi]
por detrás (vir ~)	**аз қафо**	[az qafo]
para trás	**ақиб**	[aqib]
meio (m), metade (f)	**миёна**	[mijɔna]
no meio	**дар миёна**	[dar mijɔna]
de lado	**аз паҳлу**	[az pahlu]
em todo lugar	**дар ҳар ҷо**	[dar har ʤo]
ao redor (olhar ~)	**гирду атроф**	[girdu atrof]
de dentro	**аз дарун**	[az darun]
para algum lugar	**ба ким-куҷо**	[ba kim-kuʤo]
diretamente	**миёнбур карда**	[mijɔnbur karda]
de volta	**ба ақиб**	[ba aqib]
de algum lugar	**аз ягон ҷо**	[az jagon ʤo]
de um lugar	**аз як ҷо**	[az jak ʤo]
em primeiro lugar	**аввалан**	[avvalan]
em segundo lugar	**дуюм**	[dujum]
em terceiro lugar	**сеюм**	[sejum]
de repente	**ногоҳ, баногоҳ**	[nogoh], [banogoh]
no início	**дар аввал**	[dar avval]
pela primeira vez	**якумин**	[jakumin]
muito antes de …	**хеле пеш**	[χele peʃ]
de novo, novamente	**аз нав**	[az nav]
para sempre	**тамоман**	[tamoman]
nunca	**ҳеҷ гоҳ**	[heʤ goh]
de novo	**боз, аз дигар**	[boz], [az digar]
agora	**акнун**	[aknun]
frequentemente	**тез-тез**	[tez-tez]
então	**он вақт**	[on vaqt]
urgentemente	**зуд, фавран**	[zud], [favran]

usualmente	**одатан**	[odatan]
a propósito, ...	**воқеан**	[voqean]
é possível	**шояд**	[ʃojad]
provavelmente	**эҳтимол**	[ɛhtimol]
talvez	**эҳтимол, шояд**	[ɛhtimol], [ʃojad]
além disso, ...	**ғайр аз он**	[ʁajr az on]
por isso ...	**бинобар ин**	[binobar in]
apesar de ...	**ба ин нигоҳ накарда**	[ba in nigoh nakarda]
graças a ...	**ба туфайли ...**	[ba tufajli]
que (pron.)	**чӣ**	[ʧi:]
que (conj.)	**ки**	[ki]
algo	**чизе**	[ʧize]
alguma coisa	**ягон чиз**	[jagon ʧiz]
nada	**ҳеҷ чиз**	[heʤ ʧiz]
quem	**кӣ**	[ki:]
alguém (~ teve uma ideia ...)	**ким-кӣ**	[kim-ki:]
alguém	**касе**	[kase]
ninguém	**ҳеҷ кас**	[heʤ kas]
para lugar nenhum	**ба ҳеҷ куҷо**	[ba heʤ kuʤo]
de ninguém	**бесоҳиб**	[besohib]
de alguém	**аз они касе**	[az oni kase]
tão	**чунон**	[ʧunon]
também (gostaria ~ de ...)	**ҳам**	[ham]
também (~ eu)	**низ, ҳам**	[niz], [ham]

18. Palavras funcionais. Advérbios. Parte 2

Porquê?	**Барои чӣ?**	[baroi ʧi:]
por alguma razão	**бо ким-кадом сабаб**	[bo kim-kadom sabab]
porque ...	**зеро ки**	[zero ki]
por qualquer razão	**барои чизе**	[baroi ʧize]
e (tu ~ eu)	**ва, ... у, ... ю**	[va], [u], [ju]
ou (ser ~ não ser)	**ё**	[jɔ]
mas (porém)	**аммо, лекин**	[ammo], [lekin]
para (~ a minha mãe)	**барои**	[baroi]
demasiado, muito	**аз меъёр зиёд**	[az me'jɔr zijɔd]
só, somente	**фақат**	[faqat]
exatamente	**айнан**	[ajnan]
cerca de (~ 10 kg)	**тақрибан**	[taqriban]
aproximadamente	**тақрибан**	[taqriban]
aproximado	**тақрибӣ**	[taqribi:]
quase	**қариб**	[qarib]
resto (m)	**боқимонда**	[boqimonda]
o outro (segundo)	**дигар**	[digar]
outro	**дигар**	[digar]
cada	**ҳар**	[har]

qualquer	**ҳар**	[har]
muito	**бисёр, хеле**	[bisjɔr], [χele]
muitas pessoas	**бисёриҳо**	[bisjɔriho]
todos	**ҳама**	[hama]
em troca de …	**ба ивази**	[ba ivazi]
em troca	**ба ивазаш**	[ba ivazaʃ]
à mão	**дастӣ**	[dasti:]
pouco provável	**ба гумон**	[ba gumon]
provavelmente	**эҳтимол, шояд**	[ɛhtimol], [ʃojad]
de propósito	**барқасд**	[barqasd]
por acidente	**тасодуфан**	[tasodufan]
muito	**хеле**	[χele]
por exemplo	**масалан, чунончи**	[masalan], [ʧunonʧi]
entre	**дар байни**	[dar bajni]
entre (no meio de)	**дар байни …**	[dar bajni]
tanto	**ин қадар**	[in qadar]
especialmente	**хусусан**	[χususan]

Conceitos básicos. Parte 2

19. Dias da semana

segunda-feira (f)	**душанбе**	[duʃanbe]
terça-feira (f)	**сешанбе**	[seʃanbe]
quarta-feira (f)	**чоршанбе**	[ʧorʃanbe]
quinta-feira (f)	**панҷшанбе**	[pandʒʃanbe]
sexta-feira (f)	**ҷумъа**	[dʒum'a]
sábado (m)	**шанбе**	[ʃanbe]
domingo (m)	**якшанбе**	[jakʃanbe]
hoje	**имрӯз**	[imrœz]
amanhã	**пагоҳ, фардо**	[pagoh], [fardo]
depois de amanhã	**пасфардо**	[pasfardo]
ontem	**дирӯз, дина**	[dirœz], [dina]
anteontem	**парирӯз**	[parirœz]
dia (m)	**рӯз**	[rœz]
dia (m) de trabalho	**рӯзи кор**	[rœzi kor]
feriado (m)	**рӯзи ид**	[rœzi id]
dia (m) de folga	**рӯзи истироҳат**	[rœzi istirohat]
fim (m) de semana	**рӯзҳои истироҳат**	[rœzhoi istirohat]
o dia todo	**тамоми рӯз**	[tamomi rœz]
no dia seguinte	**рӯзи дигар**	[rœzi digar]
há dois dias	**ду рӯз пеш**	[du rœz peʃ]
na véspera	**як рӯз пеш**	[jak rœz peʃ]
diário	**ҳаррӯза**	[harrœza]
todos os dias	**ҳар рӯз**	[har rœz]
semana (f)	**ҳафта**	[hafta]
na semana passada	**ҳафтаи гузашта**	[haftai guzaʃta]
na próxima semana	**ҳафтаи оянда**	[haftai ojanda]
semanal	**ҳафтаина**	[haftaina]
cada semana	**ҳар ҳафта**	[har hafta]
duas vezes por semana	**ҳафтае ду маротиба**	[haftae du marotiba]
cada terça-feira	**ҳар сешанбе**	[har seʃanbe]

20. Horas. Dia e noite

manhã (f)	**пагоҳӣ**	[pagohi:]
de manhã	**пагоҳирӯзӣ**	[pagohirœzi:]
meio-dia (m)	**нисфи рӯз**	[nisfi rœz]
à tarde	**баъди пешин**	[ba'di peʃin]
noite (f)	**бегоҳ, бегоҳирӯз**	[begoh], [begohirœz]
à noite (noitinha)	**бегоҳӣ, бегоҳирӯзӣ**	[begohi:], [begohirœzi:]

noite (f)	**шаб**	[ʃab]
à noite	**шабона**	[ʃabona]
meia-noite (f)	**нисфи шаб**	[nisfi ʃab]
segundo (m)	**сония**	[sonija]
minuto (m)	**дақиқа**	[daqiqa]
hora (f)	**соат**	[soat]
meia hora (f)	**нимсоат**	[nimsoat]
quarto (m) de hora	**чоряки соат**	[ʧorjaki soat]
quinze minutos	**понздаҳ дақиқа**	[ponzdah daqiqa]
vinte e quatro horas	**шабонарӯз**	[ʃabonarœz]
nascer (m) do sol	**тулӯъ**	[tulœ']
amanhecer (m)	**субҳидам**	[subhidam]
madrugada (f)	**субҳи барвақт**	[subhi barvaqt]
pôr do sol (m)	**ғуруби офтоб**	[ʁurubi oftob]
de madrugada	**субҳи барвақт**	[subhi barvaqt]
hoje de manhã	**имрӯз пагоҳӣ**	[imrœz pagohi:]
amanhã de manhã	**пагоҳ саҳарӣ**	[pagoh sahari:]
hoje à tarde	**имрӯз**	[imrœz]
à tarde	**баъди пешин**	[ba'di peʃin]
amanhã à tarde	**пагоҳ баъди пешин**	[pagoh ba'di peʃin]
hoje à noite	**ҳамин бегоҳ**	[hamin begoh]
amanhã à noite	**фардо бегоҳӣ**	[fardo begohi:]
às três horas em ponto	**расо соати се**	[raso soati se]
por volta das quatro	**наздикии соати чор**	[nazdiki:i soati ʧor]
às doze	**соатҳои дувоздаҳ**	[soathoi duvozdah]
dentro de vinte minutos	**баъд аз бист дақиқа**	[ba'd az bist daqiqa]
dentro duma hora	**баъд аз як соат**	[ba'd az jak soat]
a tempo	**дар вақташ**	[dar vaqtaʃ]
menos um quarto	**понздаҳто кам**	[ponzdahto kam]
durante uma hora	**дар давоми як соат**	[dar davomi jak soat]
a cada quinze minutos	**ҳар понздаҳ дақиқа**	[har ponzdah daqiqa]
as vinte e quatro horas	**шабу рӯз**	[ʃabu rœz]

21. Meses. Estações

janeiro (m)	**январ**	[janvar]
fevereiro (m)	**феврал**	[fevral]
março (m)	**март**	[mart]
abril (m)	**апрел**	[aprel]
maio (m)	**май**	[maj]
junho (m)	**июн**	[ijun]
julho (m)	**июл**	[ijul]
agosto (m)	**август**	[avgust]
setembro (m)	**сентябр**	[sentjabr]
outubro (m)	**октябр**	[oktjabr]

novembro (m)	**ноябр**	[nojabr]
dezembro (m)	**декабр**	[dekabr]
primavera (f)	**баҳор, баҳорон**	[bahor], [bahoron]
na primavera	**дар фасли баҳор**	[dar fasli bahor]
primaveril	**баҳорӣ**	[bahori:]
verão (m)	**тобистон**	[tobiston]
no verão	**дар тобистон**	[dar tobiston]
de verão	**тобистона**	[tobistona]
outono (m)	**тирамоҳ**	[tiramoh]
no outono	**дар тирамоҳ**	[dar tiramoh]
outonal	**... и тирамоҳ**	[i tiramoh]
inverno (m)	**зимистон**	[zimiston]
no inverno	**дар зимистон**	[dar zimiston]
de inverno	**зимистонӣ, ... и зимистон**	[zimistoni:], [i zimiston]
mês (m)	**моҳ**	[moh]
este mês	**ҳамин моҳ**	[hamin moh]
no próximo mês	**дар моҳи оянда**	[dar mohi ojanda]
no mês passado	**дар моҳи гузашта**	[dar mohi guzaʃta]
há um mês	**як моҳ пеш**	[jak moh peʃ]
dentro de um mês	**баъд аз як моҳ**	[ba'd az jak moh]
dentro de dois meses	**баъд аз ду моҳ**	[ba'd az du moh]
todo o mês	**тамоми моҳ**	[tamomi moh]
um mês inteiro	**тамоми моҳ**	[tamomi moh]
mensal	**ҳармоҳа**	[harmoha]
mensalmente	**ҳар моҳ**	[har moh]
cada mês	**ҳар моҳ**	[har moh]
duas vezes por mês	**ду маротиба дар як моҳ**	[du marotiba dar jak moh]
ano (m)	**сол**	[sol]
este ano	**ҳамин сол**	[hamin sol]
no próximo ano	**соли оянда**	[soli ojanda]
no ano passado	**соли гузашта**	[soli guzaʃta]
há um ano	**як сол пеш**	[jak sol peʃ]
dentro dum ano	**баъд аз як сол**	[ba'd az jak sol]
dentro de 2 anos	**баъд аз ду сол**	[ba'd az du sol]
todo o ano	**тамоми сол**	[tamomi sol]
um ano inteiro	**як соли пурра**	[jak soli purra]
cada ano	**ҳар сол**	[har sol]
anual	**ҳарсола**	[harsola]
anualmente	**ҳар сол**	[har sol]
quatro vezes por ano	**чор маротиба дар як сол**	[ʧor marotiba dar jak sol]
data (~ de hoje)	**таърих, рӯз**	[ta'riχ], [rœz]
data (ex. ~ de nascimento)	**сана**	[sana]
calendário (m)	**тақвим, солнома**	[taqvim], [solnoma]
meio ano	**ним сол**	[nim sol]
seis meses	**нимсола**	[nimsola]

estação (f)	**фасл**	[fasl]
século (m)	**аср**	[asr]

22. Unidades de medida

peso (m)	**вазн**	[vazn]
comprimento (m)	**дарозӣ**	[darozi:]
largura (f)	**арз**	[arz]
altura (f)	**баландӣ**	[balandi:]
profundidade (f)	**чуқурӣ**	[ʧuquri:]
volume (m)	**ҳаҷм**	[haʤm]
área (f)	**масоҳат**	[masohat]
grama (m)	**грам**	[gram]
miligrama (m)	**миллиграмм**	[milligramm]
quilograma (m)	**килограмм**	[kilogramm]
tonelada (f)	**тонна**	[tonna]
libra (453,6 gramas)	**қадоқ**	[qadoq]
onça (f)	**вақия**	[vaqija]
metro (m)	**метр**	[metr]
milímetro (m)	**миллиметр**	[millimetr]
centímetro (m)	**сантиметр**	[santimetr]
quilómetro (m)	**километр**	[kilometr]
milha (f)	**мил**	[mil]
pé (304,74 mm)	**фут**	[fut]
jarda (914,383 mm)	**ярд**	[jard]
metro (m) quadrado	**метри квадратӣ**	[metri kvadrati:]
hectare (m)	**гектар**	[gektar]
litro (m)	**литр**	[litr]
grau (m)	**дараҷа**	[daraʤa]
volt (m)	**волт**	[volt]
ampere (m)	**ампер**	[amper]
cavalo-vapor (m)	**қувваи асп**	[quvvai asp]
quantidade (f)	**миқдор**	[miqdor]
um pouco de ...	**камтар**	[kamtar]
metade (f)	**нисф**	[nisf]
peça (f)	**дона**	[dona]
dimensão (f)	**ҳаҷм**	[haʤm]
escala (f)	**масштаб**	[masʃtab]
mínimo	**камтарин**	[kamtarin]
menor, mais pequeno	**хурдтарин**	[χurdtarin]
médio	**миёна**	[mijɔna]
máximo	**ниҳоят калон**	[nihojat kalon]
maior, mais grande	**калонтарин**	[kalontarin]

23. Recipientes

boião (m) de vidro	**банкаи шишагӣ**	[bankai ʃiʃagi:]
lata (~ de cerveja)	**банкаи тунукагӣ**	[bankai tunukagi:]
balde (m)	**сатил**	[satil]
barril (m)	**бочка, чалак**	[botʃka], [tʃalak]
bacia (~ de plástico)	**тағора**	[taʁora]
tanque (m)	**бак, чалак**	[bak], [tʃalak]
cantil (m) de bolso	**обдон**	[obdon]
bidão (m) de gasolina	**канистра**	[kanistra]
cisterna (f)	**систерна**	[sisterna]
caneca (f)	**кружка, дӯлча**	[kruʒka], [dœltʃa]
chávena (f)	**косача**	[kosatʃa]
pires (m)	**тақсимӣ, тақсимича**	[taqsimi:], [taqsimitʃa]
copo (m)	**стакан**	[stakan]
taça (f) de vinho	**бокал**	[bokal]
panela, caçarola (f)	**дегча**	[degtʃa]
garrafa (f)	**шиша, сурохӣ**	[ʃiʃa], [surohi:]
gargalo (m)	**даҳани шиша**	[dahani ʃiʃa]
jarro, garrafa (f)	**сурохӣ**	[surohi:]
jarro (m) de barro	**кӯза**	[kœza]
recipiente (m)	**зарф**	[zarf]
pote (m)	**хурмача**	[χurmatʃa]
vaso (m)	**гулдон**	[guldon]
frasco (~ de perfume)	**шиша**	[ʃiʃa]
frasquinho (ex. ~ de iodo)	**ҳубобча**	[hubobtʃa]
tubo (~ de pasta dentífrica)	**лӯлача**	[lœlatʃa]
saca (ex. ~ de açúcar)	**халта**	[χalta]
saco (~ de plástico)	**халта**	[χalta]
maço (m)	**қуттӣ**	[qutti:]
caixa (~ de sapatos, etc.)	**қуттӣ**	[qutti:]
caixa (~ de madeira)	**қуттӣ**	[qutti:]
cesta (f)	**сабад**	[sabad]

O SER HUMANO

O ser humano. O corpo

24. Cabeça

cabeça (f)	сар	[sar]
cara (f)	рӯй	[rœj]
nariz (m)	бинӣ	[bini:]
boca (f)	даҳон	[dahon]
olho (m)	чашм, дида	[ʧaʃm], [dida]
olhos (m pl)	чашмон	[ʧaʃmon]
pupila (f)	гавҳараки чашм	[gavharaki ʧaʃm]
sobrancelha (f)	абрӯ, қош	[abrœ], [qoʃ]
pestana (f)	мижа	[miʒa]
pálpebra (f)	пилкҳои чашм	[pilkhoi ʧaʃm]
língua (f)	забон	[zabon]
dente (m)	дандон	[dandon]
lábios (m pl)	лабҳо	[labho]
maçãs (f pl) do rosto	устухони рухсора	[ustuχoni ruχsora]
gengiva (f)	зираи дандон	[zirai dandon]
palato (m)	ком	[kom]
narinas (f pl)	сурохии бинӣ	[suroχi:i bini:]
queixo (m)	манаҳ	[manah]
mandíbula (f)	ҷоғ	[ʤoʁ]
bochecha (f)	рухсор	[ruχsor]
testa (f)	пешона	[peʃona]
têmpora (f)	чакка	[ʧakka]
orelha (f)	гӯш	[gœʃ]
nuca (f)	пушти сар	[puʃti sar]
pescoço (m)	гардан	[gardan]
garganta (f)	гулӯ	[gulœ]
cabelos (m pl)	мӯйи сар	[mœji sar]
penteado (m)	ороиши мӯйсар	[oroiʃi mœjsar]
corte (m) de cabelo	ороиши мӯйсар	[oroiʃi mœjsar]
peruca (f)	мӯи ориятӣ	[mœi orijati:]
bigode (m)	муйлаб, бурут	[mujlab], [burut]
barba (f)	риш	[riʃ]
usar, ter (~ barba, etc.)	мондан, доштан	[mondan], [doʃtan]
trança (f)	кокул	[kokul]
suíças (f pl)	риши бари рӯй	[riʃi bari rœj]
ruivo	сурхмуй	[surχmuj]
grisalho	сафед	[safed]

calvo	**одамсар**	[odamsar]
calva (f)	**тосии сар**	[tosi:i sar]
rabo-de-cavalo (m)	**думча**	[dumʧa]
franja (f)	**пича**	[piʧa]

25. Corpo humano

mão (f)	**панҷаи даст**	[panʤai dast]
braço (m)	**даст**	[dast]
dedo (m)	**ангушт**	[anguʃt]
dedo (m) do pé	**чилик, ангушт**	[ʧilik], [anguʃt]
polegar (m)	**наранушт**	[naranguʃt]
dedo (m) mindinho	**ангушти хурд**	[anguʃti χurd]
unha (f)	**нохун**	[noχun]
punho (m)	**кулак, мушт**	[kulak], [muʃt]
palma (f) da mão	**каф**	[kaf]
pulso (m)	**банди даст**	[bandi dast]
antebraço (m)	**бозу**	[bozu]
cotovelo (m)	**оринҷ**	[orinʤ]
ombro (m)	**китф**	[kitf]
perna (f)	**по**	[po]
pé (m)	**панҷаи пой**	[panʤai poj]
joelho (m)	**зону**	[zonu]
barriga (f) da perna	**соқи по**	[soqi po]
anca (f)	**миён**	[mijɔn]
calcanhar (m)	**пошна**	[poʃna]
corpo (m)	**бадан**	[badan]
barriga (f)	**шикам**	[ʃikam]
peito (m)	**сина**	[sina]
seio (m)	**сина, пистон**	[sina], [piston]
lado (m)	**паҳлу**	[pahlu]
costas (f pl)	**пушт**	[puʃt]
região (f) lombar	**камаргоҳ**	[kamargoh]
cintura (f)	**миён**	[mijɔn]
umbigo (m)	**ноф**	[nof]
nádegas (f pl)	**сурин**	[surin]
traseiro (m)	**сурин**	[surin]
sinal (m)	**хол**	[χol]
sinal (m) de nascença	**хол**	[χol]
tatuagem (f)	**вашм**	[vaʃm]
cicatriz (f)	**доғи захм**	[doʁi zaχm]

Vestuário & Acessórios

26. Roupa exterior. Casacos

roupa (f)	**либос**	[libos]
roupa (f) exterior	**либоси боло**	[libosi bolo]
roupa (f) de inverno	**либоси зимистонӣ**	[libosi zimistoni:]
sobretudo (m)	**палто**	[palto]
casaco (m) de peles	**пӯстин**	[pœstin]
casaco curto (m) de peles	**нимпӯстин**	[nimpœstin]
casaco (m) acolchoado	**пуховик**	[puχovik]
casaco, blusão (m)	**куртка**	[kurtka]
impermeável (m)	**боронӣ**	[boroni:]
impermeável	**обногузар**	[obnoguzar]

27. Vestuário de homem & mulher

camisa (f)	**курта**	[kurta]
calças (f pl)	**шим, шалвор**	[ʃim], [ʃalvor]
calças (f pl) de ganga	**шими ҷинс**	[ʃimi ʤins]
casaco (m) de fato	**пиҷак**	[piʤak]
fato (m)	**костюм**	[kostjum]
vestido (ex. ~ vermelho)	**куртаи заннона**	[kurtai zannona]
saia (f)	**юбка**	[jubka]
blusa (f)	**блузка**	[bluzka]
casaco (m) de malha	**кофтаи бофта**	[koftai bofta]
casaco, blazer (m)	**жакет**	[ʒaket]
T-shirt, camiseta (f)	**футболка**	[futbolka]
calções (Bermudas, etc.)	**шортик**	[ʃortik]
fato (m) de treino	**либоси варзишӣ**	[libosi varziʃi:]
roupão (m) de banho	**халат**	[χalat]
pijama (m)	**пижама**	[piʒama]
suéter (m)	**свитер**	[sviter]
pulôver (m)	**пуловер**	[pulover]
colete (m)	**камзӯл**	[kamzœl]
fraque (m)	**фрак**	[frak]
smoking (m)	**смокинг**	[smoking]
uniforme (m)	**либоси расмӣ**	[libosi rasmi:]
roupa (f) de trabalho	**либоси корӣ**	[libosi kori:]
fato-macaco (m)	**комбинезон**	[kombinezon]
bata (~ branca, etc.)	**халат**	[χalat]

28. Vestuário. Roupa interior

roupa (f) interior	**либоси таг**	[libosi tag]
cuecas boxer (f pl)	**турсуки мардона**	[tursuki mardona]
cuecas (f pl)	**турсуки занона**	[tursuki zanona]
camisola (f) interior	**майка**	[majka]
peúgas (f pl)	**пайпоқ**	[pajpoq]
camisa (f) de noite	**куртаи хоб**	[kurtai χob]
sutiã (m)	**синабанд**	[sinaband]
meias longas (f pl)	**ҷуроби кутоҳ**	[ʤurobi kutoh]
meia-calça (f)	**колготка**	[kolgotka]
meias (f pl)	**чуроби дароз**	[ʧurobi daroz]
fato (m) de banho	**либоси оббозӣ**	[libosi obbozi:]

29. Adereços de cabeça

chapéu (m)	**кулоҳ, телпак**	[kuloh], [telpak]
chapéu (m) de feltro	**шляпаи моҳутӣ**	[ʃljapai mohuti:]
boné (m) de beisebol	**бейсболка**	[bejsbolka]
boné (m)	**кепка**	[kepka]
boina (f)	**берет**	[beret]
capuz (m)	**либоси кулоҳдор**	[libosi kulohdor]
panamá (m)	**панамка**	[panamka]
gorro (m) de malha	**шапкаи бофтагӣ**	[ʃapkai boftagi:]
lenço (m)	**рӯймол**	[rœjmol]
chapéu (m) de mulher	**кулоҳча**	[kulohʧa]
capacete (m) de proteção	**тоскулоҳ**	[toskuloh]
bibico (m)	**пилотка**	[pilotka]
capacete (m)	**хӯд**	[χœd]
chapéu-coco (m)	**дегчакулох**	[degʧakuloχ]
chapéu (m) alto	**силиндр**	[silindr]

30. Calçado

calçado (m)	**пойафзол**	[pojafzol]
botinas (f pl)	**патинка**	[patinka]
sapatos (de salto alto, etc.)	**кафш, туфли**	[kafʃ], [tufli]
botas (f pl)	**мӯза**	[mœza]
pantufas (f pl)	**шиппак**	[ʃippak]
ténis (m pl)	**кроссовка**	[krassovka]
sapatilhas (f pl)	**кетӣ**	[keti:]
sandálias (f pl)	**сандал**	[sandal]
sapateiro (m)	**мӯзадӯз**	[mœzadœz]
salto (m)	**пошна**	[poʃna]

par (m)	**чуфт**	[ʤuft]
atacador (m)	**бандак**	[bandak]
apertar os atacadores	**бандак гузарондан**	[bandak guzarondan]
calçadeira (f)	**кафчаи кафшпӯшӣ**	[kafʧai kafʃpœʃi:]
graxa (f) para calçado	**креми пойафзол**	[kremi pojafzol]

31. Acessórios pessoais

luvas (f pl)	**дастпӯшак**	[dastpœʃak]
mitenes (f pl)	**дастпӯшаки бепанҷа**	[dastpœʃaki bepanʤa]
cachecol (m)	**гарданпеч**	[gardanpeʧ]
óculos (m pl)	**айнак**	[ajnak]
armação (f) de óculos	**чанбарак**	[ʧanbarak]
guarda-chuva (m)	**соябон, чатр**	[sojabon], [ʧatr]
bengala (f)	**чӯб**	[ʧœb]
escova (f) para o cabelo	**чӯткаи мӯйсар**	[ʧœtkai mœjsar]
leque (m)	**бодбезак**	[bodbezak]
gravata (f)	**галстук**	[galstuk]
gravata-borboleta (f)	**галстук-шапарак**	[galstuk-ʃaparak]
suspensórios (m pl)	**шалворбанди китфӣ**	[ʃalvorbandi kitfi:]
lenço (m)	**даструймол**	[dastrœjmol]
pente (m)	**шона**	[ʃona]
travessão (m)	**сарсӯзан, бандак**	[sarsœzan], [bandak]
gancho (m) de cabelo	**санҷак**	[sanʤak]
fivela (f)	**сагаки тасма**	[sagaki tasma]
cinto (m)	**тасма**	[tasma]
correia (f)	**тасма**	[tasma]
mala (f)	**сумка**	[sumka]
mala (f) de senhora	**сумка**	[sumka]
mochila (f)	**борхалта**	[borχalta]

32. Vestuário. Diversos

moda (f)	**мод**	[mod]
na moda	**модшуда**	[modʃuda]
estilista (m)	**тарҳсоз**	[tarhsoz]
colarinho (m), gola (f)	**гиребон, ёқа**	[girebon], [jɔqa]
bolso (m)	**киса**	[kisa]
de bolso	**... и киса**	[i kisa]
manga (f)	**остин**	[ostin]
alcinha (f)	**банди либос**	[bandi libos]
braguilha (f)	**чоки пеши шим**	[ʧoki peʃi ʃim]
fecho (m) de correr	**занҷирак**	[zanʤirak]
fecho (m), colchete (m)	**гиреҳбанд**	[girehband]
botão (m)	**тугма**	[tugma]

casa (f) de botão	**банди тугма**	[bandi tugma]
soltar-se (vr)	**канда шудан**	[kanda ʃudan]
coser, costurar (vi)	**дӯхтан**	[dœχtan]
bordar (vt)	**гулдӯзӣ кардан**	[guldœzi: kardan]
bordado (m)	**гулдӯзӣ**	[guldœzi:]
agulha (f)	**сӯзани чокдӯзи**	[sœzani ʧokdœzi]
fio (m)	**ресмон**	[resmon]
costura (f)	**чок**	[ʧok]
sujar-se (vr)	**олуда шудан**	[oluda ʃudan]
mancha (f)	**доғ, лакка**	[doʁ], [lakka]
engelhar-se (vr)	**ғиҷим шудан**	[ʁiʤim ʃudan]
rasgar (vt)	**даррондан**	[darrondan]
traça (f)	**куя**	[kuja]

33. Cuidados pessoais. Cosméticos

pasta (f) de dentes	**хамираи дандон**	[χamirai dandon]
escova (f) de dentes	**чӯткаи дандоншӯӣ**	[ʧœtkai dandonʃœi:]
escovar os dentes	**дандон шустан**	[dandon ʃustan]
máquina (f) de barbear	**ришгирак**	[riʃgirak]
creme (m) de barbear	**креми ришгирӣ**	[kremi riʃgiri:]
barbear-se (vr)	**риш гирифтан**	[riʃ giriftan]
sabonete (m)	**собун**	[sobun]
champô (m)	**шампун**	[ʃampun]
tesoura (f)	**кайчӣ**	[kajʧi:]
lima (f) de unhas	**тарошаи нохунҳо**	[taroʃai noχunho]
corta-unhas (m)	**анбӯрча барои нохунҳо**	[anbœrʧa baroi noχunho]
pinça (f)	**мӯйчинак**	[mœjʧinak]
cosméticos (m pl)	**косметика**	[kosmetika]
máscara (f) facial	**ниқоби косметикӣ**	[niqobi kosmetiki:]
manicura (f)	**нохунорой**	[noχunoroi:]
fazer a manicura	**нохун оростан**	[noχun orostan]
pedicure (f)	**ороиши нохунҳои пой**	[oroiʃi noχunhoi poj]
mala (f) de maquilhagem	**косметичка**	[kosmetiʧka]
pó (m)	**сафеда**	[safeda]
caixa (f) de pó	**қуттии упо**	[qutti:i upo]
blush (m)	**сурхӣ**	[surχi:]
água (f) de toilette	**атр**	[atr]
loção (f)	**оби мушкин**	[obi muʃkin]
água-de-colónia (f)	**атр**	[atr]
sombra (f) de olhos	**тен барои пилкҳои чашм**	[ten baroi pilkhoi ʧaʃm]
lápis (m) delineador	**қалами чашм**	[qalami ʧaʃm]
máscara (f), rímel (m)	**туш барои мижаҳо**	[tuʃ baroi miʒaho]
batom (m)	**лабсурхкунак**	[labsurχkunak]
verniz (m) de unhas	**лаки нохун**	[laki noχun]

laca (f) para cabelos	**лаки мӯйсар**	[laki mœjsar]
desodorizante (m)	**дезодорант**	[dezodorant]
creme (m)	**крем, равғани рӯй**	[krem], [ravʁani rœj]
creme (m) de rosto	**креми рӯй**	[kremi rœj]
creme (m) de mãos	**креми даст**	[kremi dast]
creme (m) antirrugas	**креми зиддиожанг**	[kremi ziddioʒang]
creme (m) de dia	**креми рӯзона**	[kremi rœzona]
creme (m) de noite	**креми шабона**	[kremi ʃabona]
de dia	**рӯзона, ~и рӯз**	[rœzona], [~i rœz]
da noite	**шабона, ... и шаб**	[ʃabona], [i ʃab]
tampão (m)	**тампон**	[tampon]
papel (m) higiénico	**коғази хоҷатхона**	[koʁazi χoʤatχona]
secador (m) elétrico	**мӯхушккунак**	[mœχuʃkkunak]

34. Relógios de pulso. Relógios

relógio (m) de pulso	**соати дастӣ**	[soati dasti:]
mostrador (m)	**лавҳаи соат**	[lavhai soat]
ponteiro (m)	**акрабак**	[akrabak]
bracelete (f) em aço	**дастпона**	[dastpona]
bracelete (f) em couro	**банди соат**	[bandi soat]
pilha (f)	**батареяча, батарейка**	[batarejatʃa], [batarejka]
descarregar-se	**холӣ шудааст**	[χoli: ʃudaast]
trocar a pilha	**иваз кардани батаре**	[ivaz kardani batare]
estar adiantado	**пеш меравад**	[peʃ meravad]
estar atrasado	**ақиб мондан**	[aqib mondan]
relógio (m) de parede	**соати деворӣ**	[soati devori:]
ampulheta (f)	**соати регӣ**	[soati regi:]
relógio (m) de sol	**соати офтобӣ**	[soati oftobi:]
despertador (m)	**соати рӯимизии зангдор**	[soati rœimizi:i zangdor]
relojoeiro (m)	**соатсоз**	[soatsoz]
reparar (vt)	**таъмир кардан**	[ta'mir kardan]

Alimentação. Nutrição

35. Comida

carne (f)	гӯшт	[gœʃt]
galinha (f)	мурғ	[murʁ]
frango (m)	чӯҷа	[ʧœʤa]
pato (m)	мурғобӣ	[murʁobi:]
ganso (m)	қоз, ғоз	[qoz], [ʁoz]
caça (f)	сайди шикор	[sajdi ʃikor]
peru (m)	мурғи марҷон	[murʁi marʤon]
carne (f) de porco	гӯшти хук	[gœʃti χuk]
carne (f) de vitela	гӯшти гӯсола	[gœʃti gœsola]
carne (f) de carneiro	гӯшти гӯсфанд	[gœʃti gœsfand]
carne (f) de vaca	гӯшти гов	[gœʃti gov]
carne (f) de coelho	харгӯш	[χargœʃ]
chouriço, salsichão (m)	ҳасиб	[hasib]
salsicha (f)	ҳасибча	[hasibʧa]
bacon (m)	бекон	[bekon]
fiambre (f)	ветчина	[vetʧina]
presunto (m)	рон	[ron]
patê (m)	паштет	[paʃtet]
fígado (m)	ҷигар	[ʤigar]
carne (f) moída	гӯшти кӯфта	[gœʃti kœfta]
língua (f)	забон	[zabon]
ovo (m)	тухм	[tuχm]
ovos (m pl)	тухм	[tuχm]
clara (f) do ovo	сафедии тухм	[safedi:i tuχm]
gema (f) do ovo	зардии тухм	[zardi:i tuχm]
peixe (m)	моҳӣ	[mohi:]
mariscos (m pl)	маҳсулоти баҳрӣ	[mahsuloti bahri:]
crustáceos (m pl)	буғумпойҳо	[buʁumpojho]
caviar (m)	тухми моҳӣ	[tuχmi mohi:]
caranguejo (m)	харчанг	[χarʧang]
camarão (m)	креветка	[krevetka]
ostra (f)	садафак	[sadafak]
lagosta (f)	лангуст	[langust]
polvo (m)	ҳаштпо	[haʃtpo]
lula (f)	калмар	[kalmar]
esturjão (m)	гӯшти тосмоҳӣ	[gœʃti tosmohi:]
salmão (m)	озодмоҳӣ	[ozodmohi:]
halibute (m)	палтус	[paltus]
bacalhau (m)	равғанмоҳӣ	[ravʁanmohi:]

cavala, sarda (f)	**зағўтамоҳӣ**	[zaʁœtamohi:]
atum (m)	**самак**	[samak]
enguia (f)	**мормоҳӣ**	[mormohi:]
truta (f)	**гулмоҳӣ**	[gulmohi:]
sardinha (f)	**саморис**	[samoris]
lúcio (m)	**шўртан**	[ʃœrtan]
arenque (m)	**шўрмоҳӣ**	[ʃœrmohi:]
pão (m)	**нон**	[non]
queijo (m)	**панир**	[panir]
açúcar (m)	**шакар**	[ʃakar]
sal (m)	**намак**	[namak]
arroz (m)	**биринҷ**	[birindʒ]
massas (f pl)	**макарон**	[makaron]
talharim (m)	**угро**	[ugro]
manteiga (f)	**равғани маска**	[ravʁani maska]
óleo (m) vegetal	**равғани пок**	[ravʁani pok]
óleo (m) de girassol	**равғани офтобпараст**	[ravʁani oftobparast]
margarina (f)	**маргарин**	[margarin]
azeitonas (f pl)	**зайтун**	[zajtun]
azeite (m)	**равғани зайтун**	[ravʁani zajtun]
leite (m)	**шир**	[ʃir]
leite (m) condensado	**ширқиём**	[ʃirqijɔm]
iogurte (m)	**йогурт**	[jɔgurt]
nata (f) azeda	**қаймок**	[qajmok]
nata (f) do leite	**қаймоқ**	[qajmoq]
maionese (f)	**майонез**	[majɔnez]
creme (m)	**крем**	[krem]
grãos (m pl) de cereais	**ярма**	[jarma]
farinha (f)	**орд**	[ord]
enlatados (m pl)	**консерв**	[konserv]
flocos (m pl) de milho	**бадроқи ҷуворимакка**	[badroqi dʒuvorimakka]
mel (m)	**асал**	[asal]
doce (m)	**ҷем**	[dʒem]
pastilha (f) elástica	**сақич, илқ**	[saqitʃ], [ilq]

36. Bebidas

água (f)	**об**	[ob]
água (f) potável	**оби нўшиданӣ**	[obi nœʃidani:]
água (f) mineral	**оби минералӣ**	[obi minerali:]
sem gás	**бе газ**	[be gaz]
gaseificada	**газнок**	[gaznok]
com gás	**газдор**	[gazdor]
gelo (m)	**ях**	[jaχ]

com gelo	**бо ях, яхдор**	[bo jaχ], [jaχdor]
sem álcool	**беалкогол**	[bealkogol]
bebida (f) sem álcool	**нӯшокии беалкогол**	[nœʃoki:i bealkogol]
refresco (m)	**нӯшокии хунук**	[nœʃoki:i χunuk]
limonada (f)	**лимонад**	[limonad]
bebidas (f pl) alcoólicas	**нӯшокиҳои спиртӣ**	[nœʃokihoi spirti:]
vinho (m)	**шароб, май**	[ʃarob], [maj]
vinho (m) branco	**маи ангури сафед**	[mai anguri safed]
vinho (m) tinto	**маи арғувонӣ**	[mai arʁuvoni:]
licor (m)	**ликёр**	[likjɔr]
champanhe (m)	**шампан**	[ʃampan]
vermute (m)	**вермут**	[vermut]
uísque (m)	**виски**	[viski]
vodka (f)	**арақ, водка**	[araq], [vodka]
gim (m)	**ҷин**	[ʤin]
conhaque (m)	**коняк**	[konjak]
rum (m)	**ром**	[rom]
café (m)	**қаҳва**	[qahva]
café (m) puro	**қаҳваи сиёҳ**	[qahvai sijɔh]
café (m) com leite	**ширқаҳва**	[ʃirqahva]
cappuccino (m)	**капучино**	[kaputʃino]
café (m) solúvel	**қаҳваи кӯфта**	[qahvai kœfta]
leite (m)	**шир**	[ʃir]
coquetel (m)	**коктейл**	[koktejl]
batido (m) de leite	**коктейли ширӣ**	[koktejli ʃiri:]
sumo (m)	**шарбат**	[ʃarbat]
sumo (m) de tomate	**шираи помидор**	[ʃirai pomidor]
sumo (m) de laranja	**афшураи афлесун**	[afʃurai aflesun]
sumo (m) fresco	**афшураи тоза тайёршуда**	[afʃurai toza tajjɔrʃuda]
cerveja (f)	**пиво**	[pivo]
cerveja (f) clara	**оби ҷави шафоф**	[obi ʤavi ʃafof]
cerveja (f) preta	**оби ҷави торик**	[obi ʤavi torik]
chá (m)	**чой**	[tʃoj]
chá (m) preto	**чойи сиёҳ**	[tʃoji sijɔh]
chá (m) verde	**чои кабуд**	[tʃoi kabud]

37. Vegetais

legumes (m pl)	**сабзавот**	[sabzavot]
verduras (f pl)	**сабзавот**	[sabzavot]
tomate (m)	**помидор**	[pomidor]
pepino (m)	**бодиринг**	[bodiring]
cenoura (f)	**сабзӣ**	[sabzi:]
batata (f)	**картошка**	[kartoʃka]
cebola (f)	**пиёз**	[pijɔz]

alho (m)	**сир**	[sir]
couve (f)	**карам**	[karam]
couve-flor (f)	**гулкарам**	[gulkaram]
couve-de-bruxelas (f)	**карами брусселӣ**	[karami brusseli:]
brócolos (m pl)	**карами брокколӣ**	[karami brokkoli:]
beterraba (f)	**лаблабу**	[lablabu]
beringela (f)	**бодинҷон**	[bodindʒon]
curgete (f)	**таррак**	[tarrak]
abóbora (f)	**каду**	[kadu]
nabo (m)	**шалғам**	[ʃalʁam]
salsa (f)	**ҷаъфарӣ**	[dʒa'fari:]
funcho, endro (m)	**шибит**	[ʃibit]
alface (f)	**коҳу**	[kohu]
aipo (m)	**карафс**	[karafs]
espargo (m)	**морчӯба**	[mortʃœba]
espinafre (m)	**испаноқ**	[ispanoq]
ervilha (f)	**нахӯд**	[naχœd]
fava (f)	**лӯбиё**	[lœbijɔ]
milho (m)	**ҷуворимакка**	[dʒuvorimakka]
feijão (m)	**лӯбиё**	[lœbijɔ]
pimentão (m)	**қаламфур**	[qalamfur]
rabanete (m)	**шалғамча**	[ʃalʁamtʃa]
alcachofra (f)	**анганор**	[anganor]

38. Frutos. Nozes

fruta (f)	**мева**	[meva]
maçã (f)	**себ**	[seb]
pera (f)	**мурӯд, нок**	[murœd], [nok]
limão (m)	**лиму**	[limu]
laranja (f)	**афлесун, пӯртахол**	[aflesun], [pœrtaχol]
morango (m)	**қулфинай**	[qulfinaj]
tangerina (f)	**норанг**	[norang]
ameixa (f)	**олу**	[olu]
pêssego (m)	**шафтолу**	[ʃaftolu]
damasco (m)	**дарахти зардолу**	[daraχti zardolu]
framboesa (f)	**тамашк**	[tamaʃk]
ananás (m)	**ананас**	[ananas]
banana (f)	**банан**	[banan]
melancia (f)	**тарбуз**	[tarbuz]
uva (f)	**ангур**	[angur]
ginja (f)	**олуболу**	[olubolu]
cereja (f)	**гелос**	[gelos]
toranja (f)	**норинҷ**	[norindʒ]
abacate (m)	**авокадо**	[avokado]
papaia (f)	**папайя**	[papajja]
manga (f)	**анбаҳ**	[anbah]

romã (f)	**анор**	[anor]
groselha (f) vermelha	**коти сурх**	[koti surχ]
groselha (f) preta	**қоти сиёҳ**	[qoti sijɔh]
groselha (f) espinhosa	**бектошӣ**	[bektoʃi:]
mirtilo (m)	**черника**	[ʧernika]
amora silvestre (f)	**марминҷон**	[marminʤon]
uvas (f pl) passas	**мавиз**	[maviz]
figo (m)	**анҷир**	[anʤir]
tâmara (f)	**хурмо**	[χurmo]
amendoim (m)	**финдуки заминӣ**	[finduki zamini:]
amêndoa (f)	**бодом**	[bodom]
noz (f)	**чормағз**	[ʧormaʁz]
avelã (f)	**финдиқ**	[findiq]
coco (m)	**норгил**	[norgil]
pistáchios (m pl)	**писта**	[pista]

39. Pão. Bolaria

pastelaria (f)	**маҳсулоти қаннодӣ**	[mahsuloti qannodi]
pão (m)	**нон**	[non]
bolacha (f)	**кулчақанд**	[kulʧaqand]
chocolate (m)	**шоколад**	[ʃokolad]
de chocolate	**... и шоколад, шоколадӣ**	[i ʃokolad], [ʃokoladi:]
rebuçado (m)	**конфет**	[konfet]
bolo (cupcake, etc.)	**пирожни**	[piroʒni]
bolo (m) de aniversário	**торт**	[tort]
tarte (~ de maçã)	**пирог**	[pirog]
recheio (m)	**пур кардани, андохтани**	[pur kardani], [andoχtani]
doce (m)	**мураббо**	[murabbo]
geleia (f) de frutas	**мармалод**	[marmalod]
waffle (m)	**вафлӣ**	[vafli:]
gelado (m)	**яхмос**	[jaχmos]
pudim (m)	**пудинг**	[puding]

40. Pratos cozinhados

prato (m)	**таом**	[taom]
cozinha (~ portuguesa)	**таомҳо**	[taomho]
receita (f)	**ретсепт**	[retsept]
porção (f)	**навола**	[navola]
salada (f)	**салат**	[salat]
sopa (f)	**шӯрбо**	[ʃœrbo]
caldo (m)	**булён**	[buljɔn]
sandes (f)	**бутерброд**	[buterbrod]
ovos (m pl) estrelados	**тухмбирён**	[tuχmbirjɔn]

hambúrguer (m)	**гамбургер**	[gamburger]
bife (m)	**бифштекс**	[bifʃteks]
conduto (m)	**хӯриши таом**	[χœriʃi taom]
espaguete (m)	**спагеттӣ**	[spagetti:]
puré (m) de batata	**пюре**	[pjure]
pizza (f)	**питса**	[pitsa]
papa (f)	**шӯла**	[ʃœla]
omelete (f)	**омлет, тухмбирён**	[omlet], [tuχmbirjɔn]
cozido em água	**ҷӯшондашуда**	[ʤœʃondaʃuda]
fumado	**дудхӯрда**	[dudχœrda]
frito	**бирён**	[birjɔn]
seco	**хушк**	[χuʃk]
congelado	**яхкарда**	[jaχkarda]
em conserva	**дар сирко хобондашуда**	[dar sirko χobondaʃuda]
doce (açucarado)	**ширин**	[ʃirin]
salgado	**шӯр**	[ʃœr]
frio	**хунук**	[χunuk]
quente	**гарм**	[garm]
amargo	**талх**	[talχ]
gostoso	**бомаза**	[bomaza]
cozinhar (em água a ferver)	**пухтан, ҷӯшондан**	[puχtan], [ʤœʃondan]
fazer, preparar (vt)	**пухтан**	[puχtan]
fritar (vt)	**бирён кардан**	[birjɔn kardan]
aquecer (vt)	**гарм кардан**	[garm kardan]
salgar (vt)	**намак андохтан**	[namak andoχtan]
apimentar (vt)	**қаламфур андохтан**	[qalamfur andoχtan]
ralar (vt)	**тарошидан**	[taroʃidan]
casca (f)	**пӯст**	[pœst]
descascar (vt)	**пӯст кандан**	[pœst kandan]

41. Especiarias

sal (m)	**намак**	[namak]
salgado	**шӯр**	[ʃœr]
salgar (vt)	**намак андохтан**	[namak andoχtan]
pimenta (f) preta	**мурчи сиёҳ**	[murʧi sijɔh]
pimenta (f) vermelha	**мурчи сурх**	[murʧi surχ]
mostarda (f)	**хардал**	[χardal]
raiz-forte (f)	**қаҳзак**	[qahzak]
condimento (m)	**хӯриш**	[χœriʃ]
especiaria (f)	**дорувор**	[doruvor]
molho (m)	**қайла**	[qajla]
vinagre (m)	**сирко**	[sirko]
anis (m)	**тухми бодиён**	[tuχmi bodijɔn]
manjericão (m)	**нозбӯй, райҳон**	[nozbœj], [rajhon]
cravo (m)	**қаланфури гардан**	[qalanfuri gardan]

gengibre (m)	**занҷабил**	[zandʒabil]
coentro (m)	**кашниҷ**	[kaʃnidʒ]
canela (f)	**дорчин, долчин**	[dortʃin], [doltʃin]
sésamo (m)	**кунҷид**	[kundʒid]
folhas (f pl) de louro	**барги ғор**	[bargi ʁor]
páprica (f)	**қаламфур**	[qalamfur]
cominho (m)	**зира**	[zira]
açafrão (m)	**заъфарон**	[za'faron]

42. Refeições

comida (f)	**хӯрок, таом**	[χœrok], [taom]
comer (vt)	**хӯрдан**	[χœrdan]
pequeno-almoço (m)	**ноништа**	[noniʃta]
tomar o pequeno-almoço	**ноништа кардан**	[noniʃta kardan]
almoço (m)	**хӯроки пешин**	[χœroki peʃin]
almoçar (vi)	**хӯроки пешин хӯрдан**	[χœroki peʃin χœrdan]
jantar (m)	**шом**	[ʃom]
jantar (vi)	**хӯроки шом хӯрдан**	[χœroki ʃom χœrdan]
apetite (m)	**иштиҳо**	[iʃtiho]
Bom apetite!	**ош шавад!**	[oʃ ʃavad]
abrir (~ uma lata, etc.)	**кушодан**	[kuʃodan]
derramar (vt)	**резондан**	[rezondan]
derramar-se (vr)	**рехтан**	[reχtan]
ferver (vi)	**ҷӯшидан**	[dʒœʃidan]
ferver (vt)	**ҷӯшондан**	[dʒœʃondan]
fervido	**ҷӯшомада**	[dʒœʃomada]
arrefecer (vt)	**хунук кардан**	[χunuk kardan]
arrefecer-se (vr)	**хунук шудан**	[χunuk ʃudan]
sabor, gosto (m)	**маза, таъм**	[maza], [ta'm]
gostinho (m)	**таъм**	[ta'm]
fazer dieta	**хароб шудан**	[χarob ʃudan]
dieta (f)	**диета**	[dieta]
vitamina (f)	**витамин**	[vitamin]
caloria (f)	**калория**	[kalorija]
vegetariano (m)	**гӯштнахӯранда**	[gœʃtnaχœranda]
vegetariano	**бегӯшт**	[begœʃt]
gorduras (f pl)	**равған**	[ravʁan]
proteínas (f pl)	**сафедаҳо**	[safedaho]
carboidratos (m pl)	**карбогидратҳо**	[karbogidratho]
fatia (~ de limão, etc.)	**тилим, порча**	[tilim], [portʃa]
pedaço (~ de bolo)	**порча**	[portʃa]
migalha (f)	**резгӣ**	[rezgi:]

43. Por a mesa

colher (f)	**қошуқ**	[qoʃuq]
faca (f)	**корд**	[kord]
garfo (m)	**чангча, чангол**	[ʧangʧa], [ʧangol]
chávena (f)	**косача**	[kosaʧa]
prato (m)	**тақсимча**	[taqsimʧa]
pires (m)	**тақсимӣ, тақсимича**	[taqsimi:], [taqsimiʧa]
guardanapo (m)	**салфетка**	[salfetka]
palito (m)	**дандонковак**	[dandonkovak]

44. Restaurante

restaurante (m)	**тарабхона**	[tarabχona]
café (m)	**қаҳвахона**	[qahvaχona]
bar (m), cervejaria (f)	**бар**	[bar]
salão (m) de chá	**чойхона**	[ʧojχona]
empregado (m) de mesa	**пешхизмат**	[peʃχizmat]
empregada (f) de mesa	**пешхизмат**	[peʃχizmat]
barman (m)	**бармен**	[barmen]
ementa (f)	**меню**	[menju]
lista (f) de vinhos	**рӯйхати шаробҳо**	[rœjχati ʃarobho]
reservar uma mesa	**банд кардани миз**	[band kardani miz]
prato (m)	**таом**	[taom]
pedir (vt)	**супориш додан**	[suporiʃ dodan]
fazer o pedido	**фармоиш додан**	[farmoiʃ dodan]
aperitivo (m)	**аперитив**	[aperitiv]
entrada (f)	**хӯриш, газак**	[χœriʃ], [gazak]
sobremesa (f)	**десерт**	[desert]
conta (f)	**ҳисоб**	[hisob]
pagar a conta	**пардохт кардан**	[pardoχt kardan]
dar o troco	**бақия додан**	[baqija dodan]
gorjeta (f)	**чойпулӣ**	[ʧojpuli:]

Família, parentes e amigos

45. Informação pessoal. Formulários

nome (m)	**ном**	[nom]
apelido (m)	**фамилия**	[familija]
data (f) de nascimento	**рӯзи таваллуд**	[rœzi tavallud]
local (m) de nascimento	**ҷойи таваллуд**	[ʤoji tavallud]
nacionalidade (f)	**миллият**	[millijat]
lugar (m) de residência	**ҷои истиқомат**	[ʤoi istiqomat]
país (m)	**кишвар**	[kiʃvar]
profissão (f)	**касб**	[kasb]
sexo (m)	**ҷинс**	[ʤins]
estatura (f)	**қад**	[qad]
peso (m)	**вазн**	[vazn]

46. Membros da família. Parentes

mãe (f)	**модар**	[modar]
pai (m)	**падар**	[padar]
filho (m)	**писар**	[pisar]
filha (f)	**духтар**	[duχtar]
filha (f) mais nova	**духтари хурдӣ**	[duχtari χurdi:]
filho (m) mais novo	**писари хурдӣ**	[pisari χurdi:]
filha (f) mais velha	**духтари калонӣ**	[duχtari kaloni:]
filho (m) mais velho	**писари калонӣ**	[pisari kaloni:]
irmão (m)	**бародар**	[barodar]
irmão (m) mais velho	**ака**	[aka]
irmão (m) mais novo	**додар**	[dodar]
irmã (f)	**хоҳар**	[χohar]
irmã (f) mais velha	**апа**	[apa]
irmã (f) mais nova	**хоҳари хурд**	[χohari χurd]
primo (m)	**амакписар (ама-, тағо-, хола-)**	[amakpisar] ([ama], [taʁo], [χola])
prima (f)	**амакдухтар (ама-, тағо-, хола-)**	[amakduχtar] ([ama], [taʁo], [χola])
mamã (f)	**модар, оча**	[modar], [oʧa]
papá (m)	**дада**	[dada]
pais (pl)	**волидайн**	[volidajn]
criança (f)	**кӯдак**	[kœdak]
crianças (f pl)	**бачагон, кӯдакон**	[baʧagon], [kœdakon]
avó (f)	**модаркалон, онакалон**	[modarkalon], [onakalon]

avô (m)	**бобо**	[bobo]
neto (m)	**набера**	[nabera]
neta (f)	**набера**	[nabera]
netos (pl)	**набераҳо**	[naberaho]
tio (m)	**тағо, амак**	[taʁo], [amak]
tia (f)	**хола, амма**	[χola], [amma]
sobrinho (m)	**ҷиян**	[ʤijan]
sobrinha (f)	**ҷиян**	[ʤijan]
sogra (f)	**модарарӯс**	[modararœs]
sogro (m)	**падаршӯй**	[padarʃœj]
genro (m)	**почо, язна**	[potʃo], [jazna]
madrasta (f)	**модарандар**	[modarandar]
padrasto (m)	**падарандар**	[padarandar]
criança (f) de colo	**бачаи ширмак**	[batʃai ʃirmak]
bebé (m)	**кӯдаки ширмак**	[kœdaki ʃirmak]
menino (m)	**писарча, кӯдак**	[pisartʃa], [kœdak]
mulher (f)	**зан**	[zan]
marido (m)	**шавҳар, шӯй**	[ʃavhar], [ʃœj]
esposo (m)	**завҷ**	[zavʤ]
esposa (f)	**завҷа**	[zavʤa]
casado	**зандор**	[zandor]
casada	**шавҳардор**	[ʃavhardor]
solteiro	**безан**	[bezan]
solteirão (m)	**безан**	[bezan]
divorciado	**ҷудошудагӣ**	[ʤudoʃudagi:]
viúva (f)	**бева, бевазан**	[beva], [bevazan]
viúvo (m)	**бева, занмурда**	[beva], [zanmurda]
parente (m)	**хеш**	[χeʃ]
parente (m) próximo	**хеши наздик**	[χeʃi nazdik]
parente (m) distante	**хеши дур**	[χeʃi dur]
parentes (m pl)	**хешу табор**	[χeʃu tabor]
órfão (m)	**ятимбача**	[jatimbatʃa]
órfã (f)	**ятимдухтар**	[jatimduχtar]
tutor (m)	**васӣ**	[vasi:]
adotar (um filho)	**писар хондан**	[pisar χondan]
adotar (uma filha)	**духтархонд кардан**	[duχtarχond kardan]

Medicina

47. Doenças

doença (f)	**касалӣ, беморӣ**	[kasali:], [bemori:]
estar doente	**бемор будан**	[bemor budan]
saúde (f)	**тандурустӣ, саломатӣ**	[tandurusti:], [salomati:]
nariz (m) a escorrer	**зуком**	[zukom]
amigdalite (f)	**дарди гулӯ**	[dardi gulœ]
constipação (f)	**шамол хӯрдани**	[ʃamol χœrdani]
constipar-se (vr)	**шамол хӯрдан**	[ʃamol χœrdan]
bronquite (f)	**бронхит**	[bronχit]
pneumonia (f)	**варами шуш**	[varami ʃuʃ]
gripe (f)	**грипп**	[gripp]
míope	**наздикбин**	[nazdikbin]
presbita	**дурбин**	[durbin]
estrabismo (m)	**олусӣ**	[olusi:]
estrábico	**олус**	[olus]
catarata (f)	**катаракта**	[katarakta]
glaucoma (m)	**глаукома**	[glaukoma]
AVC (m), apoplexia (f)	**сактаи майна**	[saktai majna]
ataque (m) cardíaco	**инфаркт, сактаи дил**	[infarkt], [saktai dil]
enfarte (m) do miocárdio	**инфаркти миокард**	[infarkti miokard]
paralisia (f)	**фалаҷ**	[faladʒ]
paralisar (vt)	**фалаҷ шудан**	[faladʒ ʃudan]
alergia (f)	**аллергия**	[allergija]
asma (f)	**астма, зиққи нафас**	[astma], [ziqqi nafas]
diabetes (f)	**диабет**	[diabet]
dor (f) de dentes	**дарди дандон**	[dardi dandon]
cárie (f)	**кариес**	[karies]
diarreia (f)	**шикамрав**	[ʃikamrav]
prisão (f) de ventre	**қабзият**	[qabzijat]
desarranjo (m) intestinal	**вайроншавии меъда**	[vajronʃavi:i me'da]
intoxicação (f) alimentar	**заҳролудшавӣ**	[zahroludʃavi:]
intoxicar-se	**заҳролуд шудан**	[zahrolud ʃudan]
artrite (f)	**артрит**	[artrit]
raquitismo (m)	**рахит, чиллаашӯр**	[raχit], [ʧillaaʃœr]
reumatismo (m)	**тарбод**	[tarbod]
arteriosclerose (f)	**атеросклероз**	[ateroskleroz]
gastrite (f)	**гастрит**	[gastrit]
apendicite (f)	**варами кӯррӯда**	[varami kœrrœda]

colecistite (f)	**холетсистит**	[χoletsistit]
úlcera (f)	**захм**	[zaχm]
sarampo (m)	**сурхча, сурхак**	[surχʧa], [surχak]
rubéola (f)	**сурхакон**	[surχakon]
iterícia (f)	**зардча, заъфарма**	[zardʧa], [za'farma]
hepatite (f)	**гепатит, қубод**	[gepatit], [qubod]
esquizofrenia (f)	**маҷзубият**	[madʒzubijat]
raiva (f)	**ҳорӣ**	[hori:]
neurose (f)	**невроз, чунун**	[nevroz], [ʧunun]
comoção (f) cerebral	**зарб хӯрдани майна**	[zarb χœrdani majna]
cancro (m)	**саратон**	[saraton]
esclerose (f)	**склероз**	[skleroz]
esclerose (f) múltipla	**склерози густаришёфта**	[sklerozi gustariʃʃɔfta]
alcoolismo (m)	**майзадагӣ**	[majzadagi:]
alcoólico (m)	**майзада**	[majzada]
sífilis (f)	**оташак**	[otaʃak]
SIDA (f)	**СПИД**	[spid]
tumor (m)	**варам**	[varam]
maligno	**ганда**	[ganda]
benigno	**безарар**	[bezarar]
febre (f)	**табларза, вараҷа**	[tablarza], [varadʒa]
malária (f)	**вараҷа**	[varadʒa]
gangrena (f)	**гангрена**	[gangrena]
enjoo (m)	**касалии баҳр**	[kasali:i bahr]
epilepsia (f)	**саръ**	[sar']
epidemia (f)	**эпидемия**	[ɛpidemija]
tifo (m)	**арақа, домана**	[araqa], [domana]
tuberculose (f)	**сил**	[sil]
cólera (f)	**вабо**	[vabo]
peste (f)	**тоун**	[toun]

48. Sintomas. Tratamentos. Parte 1

sintoma (m)	**аломат**	[alomat]
temperatura (f)	**ҳарорат, таб**	[harorat], [tab]
febre (f)	**ҳарорати баланд**	[harorati baland]
pulso (m)	**набз**	[nabz]
vertigem (f)	**саргардӣ**	[sargardi:]
quente (testa, etc.)	**гарм**	[garm]
calafrio (m)	**ларза, вараҷа**	[larza], [varadʒa]
pálido	**рангпарида**	[rangparida]
tosse (f)	**сулфа**	[sulfa]
tossir (vi)	**сулфидан**	[sulfidan]
espirrar (vi)	**атса задан**	[atsa zadan]
desmaio (m)	**беҳушӣ**	[behuʃi:]

desmaiar (vi)	беҳуш шудан	[behuʃ ʃudan]
nódoa (f) negra	доғи кабуд, кабудӣ	[doʁi kabud], [kabudi:]
galo (m)	ғуррӣ	[ʁurri:]
magoar-se (vr)	зада шудан	[zada ʃudan]
pisadura (f)	лат	[lat]
aleijar-se (vr)	лату кӯб хӯрдан	[latu kœb χœrdan]
coxear (vi)	лангидан	[langidan]
deslocação (f)	баромадан	[baromadan]
deslocar (vt)	баровардан	[barovardan]
fratura (f)	шикасти устухон	[ʃikasti ustuχon]
fraturar (vt)	устухон шикастан	[ustuχon ʃikastan]
corte (m)	буриш	[buriʃ]
cortar-se (vr)	буридан	[buridan]
hemorragia (f)	хунравӣ	[χunravi:]
queimadura (f)	сӯхта	[sœχta]
queimar-se (vr)	сӯзондан	[sœzondan]
picar (vt)	халондан	[χalondan]
picar-se (vr)	халидан	[χalidan]
lesionar (vt)	осеб дидан	[oseb didan]
lesão (m)	захм	[zaχm]
ferida (f), ferimento (m)	захм, реш	[zaχm], [reʃ]
trauma (m)	захм	[zaχm]
delirar (vi)	алой гуфтан	[aloi: guftan]
gaguejar (vi)	тутила шудан	[tutila ʃudan]
insolação (f)	офтобзанӣ	[oftobzani:]

49. Sintomas. Tratamentos. Parte 2

dor (f)	дард	[dard]
farpa (no dedo)	хор, зиреба	[χor], [zireba]
suor (m)	арақ	[araq]
suar (vi)	арақ кардан	[araq kardan]
vómito (m)	қайкунӣ	[qajkuni:]
convulsões (f pl)	рагкашӣ	[ragkaʃi:]
grávida	ҳомила	[homila]
nascer (vi)	таваллуд шудан	[tavallud ʃudan]
parto (m)	зоиш	[zoiʃ]
dar à luz	зоидан	[zoidan]
aborto (m)	аборт, бачапартой	[abort], [batʃapartoi:]
inspiração (f)	нафасгирӣ	[nafasgiri:]
expiração (f)	нафасбарорӣ	[nafasbarori:]
expirar (vi)	нафас баровардаи	[nafas barovardai]
inspirar (vi)	нафас кашидан	[nafas kaʃidan]
inválido (m)	инвалид	[invalid]
aleijado (m)	маъюб	[ma'jub]

toxicodependente (m)	**нашъаманд**	[naʃamand]
surdo	**кар, гӯшкар**	[kar], [gœʃkar]
mudo	**гунг**	[gung]
surdo-mudo	**кару гунг**	[karu gung]
louco (adj.)	**девона**	[devona]
louco (m)	**девона**	[devona]
louca (f)	**девона**	[devona]
ficar louco	**аз ақл бегона шудан**	[az aql begona ʃudan]
gene (m)	**ген**	[gen]
imunidade (f)	**сироятнопазирӣ**	[sirojatnopaziri:]
hereditário	**меросӣ, ирсӣ**	[merosi:], [irsi:]
congénito	**модарзод**	[modarzod]
vírus (m)	**вирус**	[virus]
micróbio (m)	**микроб**	[mikrob]
bactéria (f)	**бактерия**	[bakterija]
infeção (f)	**сироят**	[sirojat]

50. Sintomas. Tratamentos. Parte 3

hospital (m)	**касалхона**	[kasalχona]
paciente (m)	**бемор**	[bemor]
diagnóstico (m)	**ташхиси касалӣ**	[taʃχisi kasali:]
cura (f)	**муолиҷа**	[muolidʒa]
tratamento (m) médico	**табобат**	[tabobat]
curar-se (vr)	**табобат гирифтан**	[tabobat giriftan]
tratar (vt)	**табобат кардан**	[tabobat kardan]
cuidar (pessoa)	**нигоҳубин кардан**	[nigohubin kardan]
cuidados (m pl)	**нигоҳубин**	[nigohubin]
operação (f)	**ҷарроҳи**	[dʒarrohi]
enfaixar (vt)	**бо бандина бастан**	[bo bandina bastan]
enfaixamento (m)	**ҷароҳатбандӣ**	[dʒarohatbandi:]
vacinação (f)	**доругузаронӣ**	[doruguzaroni:]
vacinar (vt)	**эмгузаронӣ кардан**	[ɛmguzaroni: kardan]
injeção (f)	**сӯзанзанӣ**	[sœzanzani:]
dar uma injeção	**сӯзандору кардан**	[sœzandoru kardan]
ataque (~ de asma, etc.)	**хуруҷ**	[χurudʒ]
amputação (f)	**ампутатсия**	[amputatsija]
amputar (vt)	**ампутатсия кардан**	[amputatsija kardan]
coma (f)	**кома, игмо**	[koma], [igmo]
estar em coma	**дар кома будан**	[dar koma budan]
reanimação (f)	**шӯъбаи эҳё**	[ʃœ'bai ɛhjɔ]
recuperar-se (vr)	**сиҳат шудан**	[sihat ʃudan]
estado (~ de saúde)	**аҳвол**	[ahvol]
consciência (f)	**ҳуш**	[huʃ]
memória (f)	**ҳофиза**	[hofiza]
tirar (vt)	**кандан**	[kandan]

chumbo (m), obturação (f)	**пломба**	[plomba]
chumbar, obturar (vt)	**пломба занондан**	[plomba zanondan]
hipnose (f)	**гипноз**	[gipnoz]
hipnotizar (vt)	**гипноз кардан**	[gipnoz kardan]

51. Médicos

médico (m)	**духтур**	[duχtur]
enfermeira (f)	**ҳамшираи тиббӣ**	[hamʃirai tibbi:]
médico (m) pessoal	**духтури шахсӣ**	[duχturi ʃaχsi:]
dentista (m)	**духтури дандон**	[duχturi dandon]
oculista (m)	**духтури чашм**	[duχturi ʧaʃm]
terapeuta (m)	**терапевт**	[terapevt]
cirurgião (m)	**ҷарроҳ**	[ʤarroh]
psiquiatra (m)	**равонпизишк**	[ravonpiziʃk]
pediatra (m)	**духтури касалиҳои кӯдакона**	[duχturi kasalihoi kœdakona]
psicólogo (m)	**равоншинос**	[ravonʃinos]
ginecologista (m)	**гинеколог**	[ginekolog]
cardiologista (m)	**кардиолог**	[kardiolog]

52. Medicina. Drogas. Acessórios

medicamento (m)	**дору**	[doru]
remédio (m)	**дору**	[doru]
receitar (vt)	**таъйин кардан**	[ta'jin kardan]
receita (f)	**нусхаи даво**	[nusχai davo]
comprimido (m)	**ҳаб**	[hab]
pomada (f)	**марҳам**	[marham]
ampola (f)	**ампул**	[ampul]
preparado (m)	**доруи обакӣ**	[dorui obaki:]
xarope (m)	**сироп**	[sirop]
cápsula (f)	**ҳаб**	[hab]
remédio (m) em pó	**хока**	[χoka]
ligadura (f)	**дока**	[doka]
algodão (m)	**пахта**	[paχta]
iodo (m)	**йод**	[jɔd]
penso (m) rápido	**лейкопластир**	[lejkoplastir]
conta-gotas (m)	**қатрачакон**	[qatraʧakon]
termómetro (m)	**ҳароратсанҷ**	[haroratsanʤ]
seringa (f)	**обдуздак**	[obduzdak]
cadeira (f) de rodas	**аробачаи маъюбӣ**	[arobaʧai ma'jubi:]
muletas (f pl)	**бағаласо**	[baʁalaso]
analgésico (m)	**доруи дард**	[dorui dard]
laxante (m)	**мусҳил**	[mushil]

álcool (m) etílico	**спирт**	[spirt]
ervas (f pl) medicinais	**растаниҳои доругӣ**	[rastanihoi dorugi:]
de ervas (chá ~)	**... и алаф**	[i alaf]

HABITAT HUMANO

Cidade

53. Cidade. Vida na cidade

cidade (f)	**шаҳр**	[ʃahr]
capital (f)	**пойтахт**	[pojtaχt]
aldeia (f)	**деҳа, деҳ**	[deha], [deh]
mapa (m) da cidade	**нақшаи шаҳр**	[naqʃai ʃahr]
centro (m) da cidade	**маркази шаҳр**	[markazi ʃahr]
subúrbio (m)	**шаҳрча**	[ʃahrʧa]
suburbano	**наздишаҳрӣ**	[nazdiʃahri:]
periferia (f)	**атроф, канор**	[atrof], [kanor]
arredores (m pl)	**атрофи шаҳр**	[atrofi ʃahr]
quarteirão (m)	**квартал, маҳалла**	[kvartal], [mahalla]
quarteirão (m) residencial	**маҳаллаи истиқоматӣ**	[mahallai istiqomati:]
tráfego (m)	**ҳаракат дар кӯча**	[harakat dar kœʧa]
semáforo (m)	**чароғи раҳнамо**	[ʧaroʁi rahnamo]
transporte (m) público	**нақлиёти шаҳрӣ**	[naqlijɔti ʃahri:]
cruzamento (m)	**чорраҳа**	[ʧorraha]
passadeira (f)	**гузаргоҳи пиёдагардон**	[guzargohi pijɔdagardon]
passagem (f) subterrânea	**гузаргоҳи зеризаминӣ**	[guzargohi zerizamini:]
cruzar, atravessar (vt)	**гузаштан**	[guzaʃtan]
peão (m)	**пиёдагард**	[pijɔdagard]
passeio (m)	**пиёдараҳа**	[pijɔdaraha]
ponte (f)	**пул, кӯпрук**	[pul], [kœpruk]
margem (f) do rio	**соҳил**	[sohil]
fonte (f)	**фаввора**	[favvora]
alameda (f)	**кӯчабоғ**	[kœʧaboʁ]
parque (m)	**боғ**	[boʁ]
bulevar (m)	**кӯчабоғ, гулгашт**	[kœʧaboʁ], [gulgaʃt]
praça (f)	**майдон**	[majdon]
avenida (f)	**хиёбон**	[χijɔbon]
rua (f)	**кӯча**	[kœʧa]
travessa (f)	**тангкӯча**	[tangkœʧa]
beco (m) sem saída	**кӯчаи бумбаста**	[kœʧai bumbasta]
casa (f)	**хона**	[χona]
edifício, prédio (m)	**бино**	[bino]
arranha-céus (m)	**иморати осмонхарош**	[imorati osmonχaroʃ]
fachada (f)	**намо**	[namo]
telhado (m)	**бом**	[bom]

janela (f)	**тиреза**	[tireza]
arco (m)	**равоқ, тоқ**	[ravoq], [toq]
coluna (f)	**сутун**	[sutun]
esquina (f)	**бурчак**	[burʧak]
montra (f)	**витрина**	[vitrina]
letreiro (m)	**лавҳа**	[lavha]
cartaz (m)	**эълоннома**	[ɛ'lonnoma]
cartaz (m) publicitário	**плакати реклама**	[plakati reklama]
painel (m) publicitário	**лавҳаи эълонҳо**	[lavhai ɛ'lonho]
lixo (m)	**ахлот, хокрӯба**	[aχlot], [χokrœba]
cesta (f) do lixo	**ахлотқуттӣ**	[aχlotqutti:]
jogar lixo na rua	**ифлос кардан**	[iflos kardan]
aterro (m) sanitário	**партовгоҳ**	[partovgoh]
cabine (f) telefónica	**будкаи телефон**	[budkai telefon]
candeeiro (m) de rua	**сутуни фонус**	[sutuni fonus]
banco (m)	**нимкат**	[nimkat]
polícia (m)	**полис**	[polis]
polícia (instituição)	**полис**	[polis]
mendigo (m)	**гадо**	[gado]
sem-abrigo (m)	**бехона**	[beχona]

54. Instituições urbanas

loja (f)	**магазин**	[magazin]
farmácia (f)	**дорухона**	[doruχona]
ótica (f)	**оптика**	[optika]
centro (m) comercial	**маркази савдо**	[markazi savdo]
supermercado (m)	**супермаркет**	[supermarket]
padaria (f)	**дӯкони нонфурӯшӣ**	[dœkoni nonfurœʃi:]
padeiro (m)	**нонвой**	[nonvoj]
pastelaria (f)	**қаннодӣ**	[qannodi:]
mercearia (f)	**дӯкони баққолӣ**	[dœkoni baqqoli:]
talho (m)	**дӯкони гӯштфурӯшӣ**	[dœkoni gœʃtfurœʃi:]
loja (f) de legumes	**дӯкони сабзавот**	[dœkoni sabzavot]
mercado (m)	**бозор**	[bozor]
café (m)	**қаҳвахона**	[qahvaχona]
restaurante (m)	**тарабхона**	[tarabχona]
bar (m), cervejaria (f)	**пивохона**	[pivoχona]
pizzaria (f)	**питсерия**	[pitserija]
salão (m) de cabeleireiro	**сартарошхона**	[sartaroʃχona]
correios (m pl)	**пӯшта**	[pœʃta]
lavandaria (f)	**козургарии химиявӣ**	[kozurgari:i χimijavi:]
estúdio (m) fotográfico	**суратгирхона**	[suratgirχona]
sapataria (f)	**магазини пойафзолфурӯшӣ**	[magazini pojafzolfurœʃi:]

livraria (f)	мағозаи китоб	[maʁozai kitob]
loja (f) de artigos de desporto	мағозаи варзишӣ	[maʁozai varziʃi:]
reparação (f) de roupa	таъмири либос	[ta'miri libos]
aluguer (m) de roupa	кирояи либос	[kirojai libos]
aluguer (m) de filmes	кирояи филмҳо	[kirojai filmho]
circo (m)	сирк	[sirk]
jardim (m) zoológico	боғи ҳайвонот	[boʁi hajvonot]
cinema (m)	кинотеатр	[kinoteatr]
museu (m)	осорхона	[osorχona]
biblioteca (f)	китобхона	[kitobχona]
teatro (m)	театр	[teatr]
ópera (f)	опера	[opera]
clube (m) noturno	клуби шабона	[klubi ʃabona]
casino (m)	казино	[kazino]
mesquita (f)	масҷид	[masdʒid]
sinagoga (f)	каниса	[kanisa]
catedral (f)	собор	[sobor]
templo (m)	ибодатгоҳ	[ibodatgoh]
igreja (f)	калисо	[kaliso]
instituto (m)	институт	[institut]
universidade (f)	университет	[universitet]
escola (f)	мактаб	[maktab]
prefeitura (f)	префектура	[prefektura]
câmara (f) municipal	мэрия	[mɛrija]
hotel (m)	меҳмонхона	[mehmonχona]
banco (m)	банк	[bank]
embaixada (f)	сафорат	[saforat]
agência (f) de viagens	турагенство	[turagenstvo]
agência (f) de informações	бюрои справкадиҳӣ	[bjuroi spravkadihi:]
casa (f) de câmbio	нуқтаи мубодила	[nuqtai mubodila]
metro (m)	метро	[metro]
hospital (m)	касалхона	[kasalχona]
posto (m) de gasolina	нуқтаи фурӯши сӯзишворӣ	[nuqtai furœʃi sœziʃvori:]
parque (m) de estacionamento	истгоҳи мошинҳо	[istgohi moʃinho]

55. Sinais

letreiro (m)	лавҳа	[lavha]
inscrição (f)	хат, навиштаҷот	[χat], [naviʃtadʒot]
cartaz, póster (m)	плакат	[plakat]
sinal (m) informativo	аломат, нишона	[alomat], [niʃona]
seta (f)	аломати тир	[alomati tir]
aviso (advertência)	огоҳӣ	[ogohi:]
sinal (m) de aviso	огоҳӣ	[ogohi:]

avisar, advertir (vt)	**танбеҳ додан**	[tanbeh dodan]
dia (m) de folga	**рӯзи истироҳат**	[rœzi istirohat]
horário (m)	**ҷадвал**	[dʒadval]
horário (m) de funcionamento	**соати корӣ**	[soati kori:]
BEM-VINDOS!	**ХУШ ОМАДЕД!**	[χuʃ omaded]
ENTRADA	**ДАРОМАД**	[daromad]
SAÍDA	**БАРОМАД**	[baromad]
EMPURRE	**АЗ ХУД**	[az χud]
PUXE	**БА ХУД**	[ba χud]
ABERTO	**КУШОДА**	[kuʃoda]
FECHADO	**ПӮШИДА**	[pœʃida]
MULHER	**БАРОИ ЗАНОН**	[baroi zanon]
HOMEM	**БАРОИ МАРДОН**	[baroi mardon]
DESCONTOS	**ТАХФИФ**	[taχfif]
SALDOS	**АРЗОНФУРӮШӢ**	[arzonfurœʃi:]
NOVIDADE!	**МОЛИ НАВ!**	[moli nav]
GRÁTIS	**БЕПУЛ**	[bepul]
ATENÇÃO!	**ДИҚҚАТ!**	[diqqat]
NÃO HÁ VAGAS	**ҶОЙ НЕСТ**	[dʒoj nest]
RESERVADO	**БАНД АСТ**	[band ast]
ADMINISTRAÇÃO	**МАЪМУРИЯТ**	[ma'murijat]
SOMENTE PESSOAL AUTORIZADO	**ФАҚАТ БАРОИ КОРМАНДОН**	[faqat baroi kormandon]
CUIDADO CÃO FEROZ	**САГИ ГАЗАНДА**	[sagi gazanda]
PROIBIDO FUMAR!	**ТАМОКУ НАКАШЕД!**	[tamoku nakaʃed]
NÃO TOCAR	**ДАСТ НАРАСОНЕД!**	[dast narasoned]
PERIGOSO	**ХАТАРНОК**	[χatarnok]
PERIGO	**ХАТАР**	[χatar]
ALTA TENSÃO	**ШИДДАТИ БАЛАНД**	[ʃiddati baland]
PROIBIDO NADAR	**ОББОЗӢ КАРДАН МАНЪ АСТ**	[obbozi: kardan man' ast]
AVARIADO	**КОР НАМЕКУНАД**	[kor namekunad]
INFLAMÁVEL	**ОТАШАНГЕЗ**	[otaʃangez]
PROIBIDO	**МАНЪ АСТ**	[man' ast]
ENTRADA PROIBIDA	**ДАРОМАД МАНЪ АСТ**	[daromad man' ast]
CUIDADO TINTA FRESCA	**РАНГ КАРДА ШУДААСТ**	[rang karda ʃudaast]

56. Transportes urbanos

autocarro (m)	**автобус**	[avtobus]
elétrico (m)	**трамвай**	[tramvaj]
troleicarro (m)	**троллейбус**	[trollejbus]
itinerário (m)	**маршрут**	[marʃrut]
número (m)	**рақам**	[raqam]
ir de ... (carro, etc.)	**савор будан**	[savor budan]

entrar (~ no autocarro)	**савор шудан**	[savor ʃudan]
descer de ...	**фуромадан**	[furomadan]
paragem (f)	**истгоҳ**	[istgoh]
próxima paragem (f)	**истгоҳи дигар**	[istgohi digar]
ponto (m) final	**истгоҳи охирон**	[istgohi oχiron]
horário (m)	**ҷадвал**	[ʤadval]
esperar (vt)	**поидан**	[poidan]
bilhete (m)	**билет**	[bilet]
custo (m) do bilhete	**арзиши чипта**	[arziʃi ʧipta]
bilheteiro (m)	**кассир**	[kassir]
controlo (m) dos bilhetes	**назорат**	[nazorat]
revisor (m)	**нозир**	[nozir]
atrasar-se (vr)	**дер мондан**	[der mondan]
perder (o autocarro, etc.)	**дер мондан**	[der mondan]
estar com pressa	**шитоб кардан**	[ʃitob kardan]
táxi (m)	**такси**	[taksi]
taxista (m)	**таксичӣ**	[taksiʧi:]
de táxi (ir ~)	**дар такси**	[dar taksi]
praça (f) de táxis	**истгоҳи таксӣ**	[istgohi taksi:]
chamar um táxi	**даъват кардани таксӣ**	[da'vat kardani taksi:]
apanhar um táxi	**такси гирифтан**	[taksi giriftan]
tráfego (m)	**ҳаракат дар кӯча**	[harakat dar kœʧa]
engarrafamento (m)	**пробка**	[probka]
horas (f pl) de ponta	**час пик**	[ʧas pik]
estacionar (vi)	**ҷой кардан**	[ʤoj kardan]
estacionar (vt)	**ҷой кардан**	[ʤoj kardan]
parque (m) de estacionamento	**истгоҳ**	[istgoh]
metro (m)	**метро**	[metro]
estação (f)	**истгоҳ**	[istgoh]
ir de metro	**бо метро рафтан**	[bo metro raftan]
comboio (m)	**поезд, қатор**	[poezd], [qator]
estação (f)	**вокзал**	[vokzal]

57. Turismo

monumento (m)	**ҳайкал**	[hajkal]
fortaleza (f)	**ҳисор**	[hisor]
palácio (m)	**қаср**	[qasr]
castelo (m)	**кӯшк**	[kœʃk]
torre (f)	**манора, бурҷ**	[manora], [burʤ]
mausoléu (m)	**мавзолей, мақбара**	[mavzolej], [maqbara]
arquitetura (f)	**меъморӣ**	[me'mori:]
medieval	**асримиёнагӣ**	[asrimijɔnagi:]
antigo	**қадим**	[qadim]
nacional	**миллӣ**	[milli:]
conhecido	**маъруф**	[ma'ruf]

turista (m)	**саёҳатчӣ**	[sajɔhattʃi:]
guia (pessoa)	**роҳбалад**	[rohbalad]
excursão (f)	**экскурсия**	[ɛkskursija]
mostrar (vt)	**нишон додан**	[niʃon dodan]
contar (vt)	**нақл кардан**	[naql kardan]
encontrar (vt)	**ёфтан**	[jɔftan]
perder-se (vr)	**роҳ гум кардан**	[roh gum kardan]
mapa (~ do metrô)	**накша**	[nakʃa]
mapa (~ da cidade)	**нақша**	[naqʃa]
lembrança (f), presente (m)	**тӯҳфа**	[tœhfa]
loja (f) de presentes	**мағозаи туҳфаҳо**	[maʁozai tuhfaho]
fotografar (vt)	**сурат гирифтан**	[surat giriftan]
fotografar-se	**сурати худро гирондан**	[surati χudro girondan]

58. Compras

comprar (vt)	**харидан**	[χaridan]
compra (f)	**харид**	[χarid]
fazer compras	**харид кардан**	[χarid kardan]
compras (f pl)	**шопинг**	[ʃoping]
estar aberta (loja, etc.)	**кушода будан**	[kuʃoda budan]
estar fechada	**маҳкам будан**	[mahkam budan]
calçado (m)	**пойафзол**	[pojafzol]
roupa (f)	**либос**	[libos]
cosméticos (m pl)	**косметика**	[kosmetika]
alimentos (m pl)	**озуқаворӣ**	[ozuqavori:]
presente (m)	**тӯҳфа**	[tœhfa]
vendedor (m)	**фурӯш**	[furœʃ]
vendedora (f)	**фурӯш**	[furœʃ]
caixa (f)	**касса**	[kassa]
espelho (m)	**оина**	[oina]
balcão (m)	**пешдӯкон**	[peʃdœkon]
cabine (f) de provas	**ҷои пӯшида дидани либос**	[dʒoi pœʃida didani libos]
provar (vt)	**пӯшида дидан**	[pœʃida didan]
servir (vi)	**мувофиқ омадан**	[muvofiq omadan]
gostar (apreciar)	**форидан**	[foridan]
preço (m)	**нарх**	[narχ]
etiqueta (f) de preço	**нархнома**	[narχnoma]
custar (vt)	**арзидан**	[arzidan]
Quanto?	**Чанд пул?**	[ʧand pul]
desconto (m)	**тахфиф**	[taχfif]
não caro	**арзон**	[arzon]
barato	**арзон**	[arzon]
caro	**қимат**	[qimat]
É caro	**Ин қимат аст**	[in qimat ast]

aluguer (m)	**кироя**	[kiroja]
alugar (vestidos, etc.)	**насия гирифтан**	[nasija giriftan]
crédito (m)	**қарз**	[qarz]
a crédito	**кредит гирифтан**	[kredit giriftan]

59. Dinheiro

dinheiro (m)	**пул**	[pul]
câmbio (m)	**мубодила, иваз**	[mubodila], [ivaz]
taxa (f) de câmbio	**қурб**	[qurb]
Caixa Multibanco (m)	**банкомат**	[bankomat]
moeda (f)	**танга**	[tanga]
dólar (m)	**доллар**	[dollar]
lira (f)	**лираи италиявӣ**	[lirai italijavi:]
marco (m)	**маркаи олмонӣ**	[markai olmoni:]
franco (m)	**франк**	[frank]
libra (f) esterlina	**фунт стерлинг**	[funt sterling]
iene (m)	**иена**	[iena]
dívida (f)	**қарз**	[qarz]
devedor (m)	**қарздор**	[qarzdor]
emprestar (vt)	**қарз додан**	[qarz dodan]
pedir emprestado	**қарз гирифтан**	[qarz giriftan]
banco (m)	**банк**	[bank]
conta (f)	**ҳисоб**	[hisob]
depositar (vt)	**гузарондан**	[guzarondan]
depositar na conta	**ба суратҳисоб гузарондан**	[ba surathisob guzarondan]
levantar (vt)	**аз суратҳисоб гирифтан**	[az surathisob giriftan]
cartão (m) de crédito	**корти кредитӣ**	[korti krediti:]
dinheiro (m) vivo	**пули нақд, нақдина**	[puli naqd], [naqdina]
cheque (m)	**чек**	[ʧek]
passar um cheque	**чек навиштан**	[ʧek naviʃtan]
livro (m) de cheques	**дафтарчаи чек**	[daftarʧai ʧek]
carteira (f)	**ҳамён**	[hamjɔn]
porta-moedas (m)	**ҳамён**	[hamjɔn]
cofre (m)	**сейф**	[sejf]
herdeiro (m)	**меросхӯр**	[merosχœr]
herança (f)	**мерос**	[meros]
fortuna (riqueza)	**дорой**	[doroi:]
arrendamento (m)	**иҷора**	[idʒora]
renda (f) de casa	**ҳаққи манзил**	[haqqi manzil]
alugar (vt)	**ба иҷора гирифтан**	[ba idʒora giriftan]
preço (m)	**нарх**	[narχ]
custo (m)	**арзиш**	[arziʃ]
soma (f)	**маблағ**	[mablaʁ]
gastar (vt)	**сарф кардан**	[sarf kardan]
gastos (m pl)	**харҷ, ҳазина**	[χardʒ], [hazina]

economizar (vi)	**сарфа кардан**	[sarfa kardan]
económico	**сарфакор**	[sarfakor]
pagar (vt)	**пул додан**	[pul dodan]
pagamento (m)	**пардохт**	[pardoχt]
troco (m)	**бақияи пул**	[baqijai pul]
imposto (m)	**налог, андоз**	[nalog], [andoz]
multa (f)	**ҷарима**	[ʤarima]
multar (vt)	**ҷарима андохтан**	[ʤarima andoχtan]

60. Correios. Serviço postal

correios (m pl)	**почта**	[potʃta]
correio (m)	**почта**	[potʃta]
carteiro (m)	**хаткашон**	[χatkaʃon]
horário (m)	**соати корӣ**	[soati kori:]
carta (f)	**мактуб**	[maktub]
carta (f) registada	**хати супоришӣ**	[χati suporiʃi:]
postal (m)	**руқъа**	[ruq'a]
telegrama (m)	**барқия**	[barqija]
encomenda (f) postal	**равонак**	[ravonak]
remessa (f) de dinheiro	**пули фиристодашуда**	[puli firistodaʃuda]
receber (vt)	**гирифтан**	[giriftan]
enviar (vt)	**ирсол кардан**	[irsol kardan]
envio (m)	**ирсол**	[irsol]
endereço (m)	**адрес, унвон**	[adres], [unvon]
código (m) postal	**индекси почта**	[indeksi potʃta]
remetente (m)	**ирсолкунанда**	[irsolkunanda]
destinatário (m)	**гиранда**	[giranda]
nome (m)	**ном**	[nom]
apelido (m)	**фамилия**	[familija]
tarifa (f)	**таърифа**	[ta'rifa]
ordinário	**муқаррарӣ**	[muqarrari:]
económico	**камхарҷ**	[kamχarʤ]
peso (m)	**вазн**	[vazn]
pesar (estabelecer o peso)	**баркашидан**	[barkaʃidan]
envelope (m)	**конверт**	[konvert]
selo (m)	**марка**	[marka]
colar o selo	**марка часпонидан**	[marka tʃasponidan]

Moradia. Casa. Lar

61. Casa. Eletricidade

eletricidade (f)	**барқ**	[barq]
lâmpada (f)	**лампача, чароғча**	[lampaʧa], [ʧaroʁʧa]
interruptor (m)	**калидак**	[kalidak]
fusível (m)	**пробка**	[probka]
fio, cabo (m)	**сим**	[sim]
instalação (f) elétrica	**сими барқ**	[simi barq]
contador (m) de eletricidade	**хисобкунаки электрикӣ**	[χisobkunaki ɛlektriki:]
indicação (f), registo (m)	**нишондод**	[niʃondod]

62. Moradia. Mansão

casa (f) de campo	**хонаи берун аз шаҳр**	[χonai berun az ʃahr]
vila (f)	**кӯшк, чорбоғ**	[kœʃk], [ʧorboʁ]
ala (~ do edifício)	**қанот**	[qanot]
jardim (m)	**боғ**	[boʁ]
parque (m)	**боғ**	[boʁ]
estufa (f)	**гулхона**	[gulχona]
cuidar de ...	**нигоҳубин кардан**	[nigohubin kardan]
piscina (f)	**ҳавз**	[havz]
ginásio (m)	**толори варзишӣ**	[tolori varziʃi:]
campo (m) de ténis	**майдони теннис**	[majdoni tennis]
cinema (m)	**кинотеатр**	[kinoteatr]
garagem (f)	**гараж**	[garaʒ]
propriedade (f) privada	**мулки хусусӣ**	[mulki χususi:]
terreno (m) privado	**моликияти хусусӣ**	[molikijati χususi:]
advertência (f)	**огоҳӣ**	[ogohi:]
sinal (m) de aviso	**хати огоҳӣ**	[χati ogohi:]
guarda (f)	**посбонӣ**	[posboni:]
guarda (m)	**посбон**	[posbon]
alarme (m)	**сигналдиҳӣ**	[signaldihi:]

63. Apartamento

apartamento (m)	**манзил**	[manzil]
quarto (m)	**хона, ӯтоқ**	[χona], [œtoq]
quarto (m) de dormir	**хонаи хоб**	[χonai χob]

sala (f) de jantar	**хонаи хӯрокхӯрӣ**	[χonai χœrokχœri:]
sala (f) de estar	**меҳмонхона**	[mehmonχona]
escritório (m)	**утоқ**	[utoq]
antessala (f)	**мадхал, даҳлез**	[madχal], [dahlez]
quarto (m) de banho	**ваннахона**	[vannaχona]
toilette (lavabo)	**ҳоҷатхона**	[hodʒatχona]
teto (m)	**шифт**	[ʃift]
chão, soalho (m)	**фарш**	[farʃ]
canto (m)	**кунҷ**	[kundʒ]

64. Mobiliário. Interior

mobiliário (m)	**мебел**	[mebel]
mesa (f)	**миз**	[miz]
cadeira (f)	**курсӣ**	[kursi:]
cama (f)	**кат**	[kat]
divã (m)	**диван**	[divan]
cadeirão (m)	**курсӣ**	[kursi:]
estante (f)	**ҷевони китобмонӣ**	[dʒevoni kitobmoni:]
prateleira (f)	**раф, рафча**	[raf], [raftʃa]
guarda-vestidos (m)	**ҷевони либос**	[dʒevoni libos]
cabide (m) de parede	**либосовезак**	[libosovezak]
cabide (m) de pé	**либосовезак**	[libosovezak]
cómoda (f)	**ҷевон**	[dʒevon]
mesinha (f) de centro	**мизи қаҳва**	[mizi qahva]
espelho (m)	**оина**	[oina]
tapete (m)	**гилем, қолин**	[gilem], [qolin]
tapete (m) pequeno	**гилемча**	[gilemtʃa]
lareira (f)	**оташдон**	[otaʃdon]
vela (f)	**шамъ**	[ʃam']
castiçal (m)	**шамъдон**	[ʃam'don]
cortinas (f pl)	**парда**	[parda]
papel (m) de parede	**зардеворӣ**	[zardevori:]
estores (f pl)	**жалюзи**	[ʒaljuzi]
candeeiro (m) de mesa	**чароғи мизӣ**	[tʃaroʁi mizi:]
candeeiro (m) de parede	**чароғак**	[tʃaroʁak]
candeeiro (m) de pé	**торшер**	[torʃer]
lustre (m)	**қандил**	[qandil]
pé (de mesa, etc.)	**поя**	[poja]
braço (m)	**оринҷмонаки курсӣ**	[orindʒmonaki kursi:]
costas (f pl)	**пуштаки курсӣ**	[puʃtaki kursi:]
gaveta (f)	**ғаладон**	[ʁaladon]

65. Quarto de dormir

roupa (f) de cama	**чилдҳои болишту бистар**	[dʒildhoi boliʃtu bistar]
almofada (f)	**болишт**	[boliʃt]
fronha (f)	**чилди болишт**	[dʒildi boliʃt]
cobertor (m)	**кӯрпа**	[kœrpa]
lençol (m)	**ҷойпӯш**	[dʒojpœʃ]
colcha (f)	**болопӯш**	[bolopœʃ]

66. Cozinha

cozinha (f)	**ошхона**	[oʃχona]
gás (m)	**газ**	[gaz]
fogão (m) a gás	**плитаи газ**	[plitai gaz]
fogão (m) elétrico	**плитаи электрикӣ**	[plitai ɛlektriki:]
forno (m) de micro-ondas	**микроволновка**	[mikrovolnovka]
frigorífico (m)	**яхдон**	[jaχdon]
congelador (m)	**яхдон**	[jaχdon]
máquina (f) de lavar louça	**мошини зарфшӯй**	[moʃini zarfʃœj]
moedor (m) de carne	**мошини гӯштқӯбӣ**	[moʃini gœʃtkœbi:]
espremedor (m)	**шарбатафшурак**	[ʃarbatafʃurak]
torradeira (f)	**тостер**	[toster]
batedeira (f)	**миксер**	[mikser]
máquina (f) de café	**қаҳвачӯшонак**	[qahvadʒœʃonak]
cafeteira (f)	**зарфи қаҳвачӯшонӣ**	[zarfi qahvadʒœʃoni:]
moinho (m) de café	**дастоси қаҳва**	[dastosi qahva]
chaleira (f)	**чойник**	[ʧojnik]
bule (m)	**чойник**	[ʧojnik]
tampa (f)	**сарпӯш**	[sarpœʃ]
coador (m) de chá	**ғалберча**	[ʁalberʧa]
colher (f)	**қошуқ**	[qoʃuq]
colher (f) de chá	**чойкошук**	[ʧojkoʃuk]
colher (f) de sopa	**қошуқи ошхӯрӣ**	[qoʃuqi oʃχœri:]
garfo (m)	**чангча, чангол**	[ʧangʧa], [ʧangol]
faca (f)	**корд**	[kord]
louça (f)	**табақ**	[tabaq]
prato (m)	**тақсимча**	[taqsimʧa]
pires (m)	**тақсимӣ, тақсимича**	[taqsimi:], [taqsimiʧa]
cálice (m)	**рюмка**	[rjumka]
copo (m)	**стакан**	[stakan]
chávena (f)	**косача**	[kosaʧa]
açucareiro (m)	**шакардон**	[ʃakardon]
saleiro (m)	**намакдон**	[namakdon]
pimenteiro (m)	**қаламфурдон**	[qalamfurdon]
manteigueira (f)	**равғандон**	[ravʁandon]

panela, caçarola (f)	**дегча**	[degtʃa]
frigideira (f)	**тоба**	[toba]
concha (f)	**кафлез, обгардон, сархумӣ**	[kaflez], [obgardon], [sarχumi:]
bandeja (f)	**лаълӣ**	[la'li:]
garrafa (f)	**шиша, сурохӣ**	[ʃiʃa], [surohi:]
boião (m) de vidro	**банкаи шишагӣ**	[bankai ʃiʃagi:]
lata (f)	**банкаи тунукагӣ**	[bankai tunukagi:]
abre-garrafas (m)	**саркушояк**	[sarkuʃojak]
abre-latas (m)	**саркушояк**	[sarkuʃojak]
saca-rolhas (m)	**пӯккашак**	[pœkkaʃak]
filtro (m)	**филтр**	[filtr]
filtrar (vt)	**полоидан**	[poloidan]
lixo (m)	**ахлот**	[aχlot]
balde (m) do lixo	**сатили ахлот**	[satili aχlot]

67. Casa de banho

quarto (m) de banho	**ваннахона**	[vannaχona]
água (f)	**об**	[ob]
torneira (f)	**ҷуммак, мил**	[dʒummak], [mil]
água (f) quente	**оби гарм**	[obi garm]
água (f) fria	**оби сард**	[obi sard]
pasta (f) de dentes	**хамираи дандон**	[χamirai dandon]
escovar os dentes	**дандон шустан**	[dandon ʃustan]
escova (f) de dentes	**чӯткаи дандоншӯӣ**	[tʃœtkai dandonʃœi:]
barbear-se (vr)	**риш гирифтан**	[riʃ giriftan]
espuma (f) de barbear	**кафки ришгирӣ**	[kafki riʃgiri:]
máquina (f) de barbear	**ришгирак**	[riʃgirak]
lavar (vt)	**шустан**	[ʃustan]
lavar-se (vr)	**шустушӯ кардан**	[ʃustuʃœ kardan]
tomar um duche	**ба душ даромадан**	[ba duʃ daromadan]
banheira (f)	**ванна**	[vanna]
sanita (f)	**нишастгоҳи халоҷо**	[niʃastgohi χalodʒo]
lavatório (m)	**дастшӯяк**	[dastʃœjak]
sabonete (m)	**собун**	[sobun]
saboneteira (f)	**собундон**	[sobundon]
esponja (f)	**исфанҷ**	[isfandʒ]
champô (m)	**шампун**	[ʃampun]
toalha (f)	**сачоқ**	[satʃoq]
roupão (m) de banho	**халат**	[χalat]
lavagem (f)	**ҷомашӯӣ**	[dʒomaʃœi:]
máquina (f) de lavar	**мошини ҷомашӯӣ**	[moʃini dʒomaʃœi:]
lavar a roupa	**ҷомашӯӣ кардан**	[dʒomaʃœi: kardan]
detergente (m)	**хокаи ҷомашӯӣ**	[χokai dʒomaʃœi:]

68. Eletrodomésticos

televisor (m)	**телевизор**	[televizor]
gravador (m)	**магнитафон**	[magnitafon]
videogravador (m)	**видеомагнитафон**	[videomagnitafon]
rádio (m)	**радио**	[radio]
leitor (m)	**плеер**	[pleer]
projetor (m)	**видеопроектор**	[videoproektor]
cinema (m) em casa	**кинотеатри хонагӣ**	[kinoteatri χonagi:]
leitor (m) de DVD	**DVD-монак**	[ɛøɛ-monak]
amplificador (m)	**қувватафзо**	[quvvatafzo]
console (f) de jogos	**плейстейшн**	[plejstejʃn]
câmara (f) de vídeo	**видеокамера**	[videokamera]
máquina (f) fotográfica	**фотоаппарат**	[fotoapparat]
câmara (f) digital	**суратгираки рақамӣ**	[suratgiraki raqami:]
aspirador (m)	**чангкашак**	[ʧangkaʃak]
ferro (m) de engomar	**дарзмол**	[darzmol]
tábua (f) de engomar	**тахтаи дарзмолкунӣ**	[taχtai darzmolkuni:]
telefone (m)	**телефон**	[telefon]
telemóvel (m)	**телефони мобилӣ**	[telefoni mobili:]
máquina (f) de escrever	**мошинаи хатнависӣ**	[moʃinai χatnavisi:]
máquina (f) de costura	**мошинаи чокдӯзӣ**	[moʃinai ʧokdœzi:]
microfone (m)	**микрофон**	[mikrofon]
auscultadores (m pl)	**гӯшак, гӯшпӯшак**	[gœʃak], [gœʃpœʃak]
controlo remoto (m)	**пулт**	[pult]
CD (m)	**компакт-диск**	[kompakt-disk]
cassete (f)	**кассета**	[kasseta]
disco (m) de vinil	**пластинка**	[plastinka]

ATIVIDADES HUMANAS

Emprego. Negócios. Parte 1

69. Escritório. O trabalho no escritório

escritório (~ de advogados)	**офис**	[ofis]
escritório (do diretor, etc.)	**утоқи кор**	[utoqi kor]
receção (f)	**ресепшн**	[resepʃn]
secretário (m)	**котиб**	[kotib]
diretor (m)	**директор, мудир**	[direktor], [mudir]
gerente (m)	**менеҷер**	[menedʒer]
contabilista (m)	**бухғалтер**	[buχʁalter]
empregado (m)	**коркун**	[korkun]
mobiliário (m)	**мебел**	[mebel]
mesa (f)	**миз**	[miz]
cadeira (f)	**курсӣ**	[kursi:]
bloco (m) de gavetas	**ҷевонча**	[dʒevontʃa]
cabide (m) de pé	**либосовезак**	[libosovezak]
computador (m)	**компютер**	[kompjuter]
impressora (f)	**принтер**	[printer]
fax (m)	**факс**	[faks]
fotocopiadora (f)	**мошини нусхабардорӣ**	[moʃini nusχabardori:]
papel (m)	**қоғаз**	[qoʁaz]
artigos (m pl) de escritório	**молҳои конселярӣ**	[molhoi konseljari:]
tapete (m) de rato	**гилемчаи муш**	[gilemtʃai muʃ]
folha (f) de papel	**варақ**	[varaq]
pasta (f)	**папка**	[papka]
catálogo (m)	**каталог**	[katalog]
diretório (f) telefónico	**маълумотнома**	[ma'lumotnoma]
documentação (f)	**ҳуҷҷатҳо**	[hudʒdʒatho]
brochura (f)	**рисола, китобча**	[risola], [kitobtʃa]
flyer (m)	**варақа**	[varaqa]
amostra (f)	**намуна**	[namuna]
formação (f)	**машқ**	[maʃq]
reunião (f)	**маҷлис**	[madʒlis]
hora (f) de almoço	**танаффуси нисфирӯзӣ**	[tanaffusi nisfirœzi:]
fazer uma cópia	**нусха бардоштан**	[nusχa bardoʃtan]
tirar cópias	**бисёр кардан**	[bisjɔr kardan]
receber um fax	**факс гирифтан**	[faks giriftan]
enviar um fax	**факс фиристодан**	[faks firistodan]
fazer uma chamada	**занг задан**	[zang zadan]

responder (vt)	**ҷавоб додан**	[ʤavob dodan]
passar (vt)	**алоқаманд кардан**	[aloqamand kardan]
marcar (vt)	**муайян кардан**	[muajjan kardan]
demonstrar (vt)	**нишон додан**	[niʃon dodan]
estar ausente	**набудан**	[nabudan]
ausência (f)	**набуд**	[nabud]

70. Processos negociais. Parte 1

negócio (m)	**кор, соҳибкорӣ**	[kor], [sohibkori:]
ocupação (f)	**кор**	[kor]
firma, empresa (f)	**фирма**	[firma]
companhia (f)	**ширкат**	[ʃirkat]
corporação (f)	**корпоратсия**	[korporatsija]
empresa (f)	**муассиса, корхона**	[muassisa], [korχona]
agência (f)	**агенти шӯъба**	[agenti ʃœ'ba]
acordo (documento)	**шартнома, созишнома**	[ʃartnoma], [soziʃnoma]
contrato (m)	**шартнома**	[ʃartnoma]
acordo (transação)	**харидуфурӯш**	[χaridufurœʃ]
encomenda (f)	**супориш**	[suporiʃ]
cláusulas (f pl), termos (m pl)	**шарт**	[ʃart]
por grosso (adv)	**кӯтара**	[kœtara]
por grosso (adj)	**кӯтара, яклухт**	[kœtara], [jakluχt]
venda (f) por grosso	**яклухтфурӯшӣ**	[jakluχtfurœʃi:]
a retalho	**чакана**	[ʧakana]
venda (f) a retalho	**чаканафурӯшӣ**	[ʧakanafurœʃi:]
concorrente (m)	**рақиб**	[raqib]
concorrência (f)	**рақобат**	[raqobat]
competir (vi)	**рақобат кардан**	[raqobat kardan]
sócio (m)	**ҳариф**	[harif]
parceria (f)	**ҳарифӣ**	[harifi:]
crise (f)	**бӯҳрон**	[bœhron]
bancarrota (f)	**шикаст, муфлисӣ**	[ʃikast], [muflisi:]
entrar em falência	**муфлис шудан**	[muflis ʃudan]
dificuldade (f)	**душворӣ**	[duʃvori:]
problema (m)	**масъала**	[mas'ala]
catástrofe (f)	**шикаст**	[ʃikast]
economia (f)	**иқтисодиёт**	[iqtisodijɔt]
económico	**... и иқтисодӣ**	[i iqtisodi:]
recessão (f) económica	**таназзули иқтисодӣ**	[tanazzuli iqtisodi:]
objetivo (m)	**мақсад**	[maqsad]
tarefa (f)	**вазифа**	[vazifa]
comerciar (vi, vt)	**савдо кардан**	[savdo kardan]
rede (de distribuição)	**муассисаҳо**	[muassisaho]

estoque (m)	**анбор**	[anbor]
sortimento (m)	**навъҳои мол**	[nav'hoi mol]
líder (m)	**роҳбар**	[rohbar]
grande (~ empresa)	**калон**	[kalon]
monopólio (m)	**монополия, инҳисор**	[monopolija], [inhisor]
teoria (f)	**назария**	[nazarija]
prática (f)	**таҷриба, амалия**	[tadʒriba], [amalija]
experiência (falar por ~)	**таҷриба**	[tadʒriba]
tendência (f)	**майл**	[majl]
desenvolvimento (m)	**пешравӣ**	[peʃravi:]

71. Processos negociais. Parte 2

rentabilidade (f)	**фоида**	[foida]
rentável	**фоиданок**	[foidanok]
delegação (f)	**ҳайати вакилон**	[hajati vakilon]
salário, ordenado (m)	**музди меҳнат**	[muzdi mehnat]
corrigir (um erro)	**ислоҳ кардан**	[isloh kardan]
viagem (f) de negócios	**командировка**	[komandirovka]
comissão (f)	**комиссия**	[komissija]
controlar (vt)	**назорат кардан**	[nazorat kardan]
conferência (f)	**конференсия**	[konferensija]
licença (f)	**ҷавознома**	[dʒavoznoma]
confiável	**боэътимод**	[boɛ'timod]
empreendimento (m)	**шурӯъ, ташаббус**	[ʃurœ'], [taʃabbus]
norma (f)	**норма**	[norma]
circunstância (f)	**ҳолат, маврид**	[holat], [mavrid]
dever (m)	**вазифа**	[vazifa]
empresa (f)	**созмон**	[sozmon]
organização (f)	**ташкил**	[taʃkil]
organizado	**муташаккил**	[mutaʃakkil]
anulação (f)	**бекор кардани**	[bekor kardani]
anular, cancelar (vt)	**бекор кардан**	[bekor kardan]
relatório (m)	**ҳисоб, ҳисобот**	[hisob], [hisobot]
patente (f)	**патент**	[patent]
patentear (vt)	**патент додан**	[patent dodan]
planear (vt)	**нақша кашидан**	[naqʃa kaʃidan]
prémio (m)	**ҷоиза**	[dʒoiza]
profissional	**касаба**	[kasaba]
procedimento (m)	**расму қоида**	[rasmu qoida]
examinar (a questão)	**матраҳ кардан**	[matrah kardan]
cálculo (m)	**муҳосиба**	[muhosiba]
reputação (f)	**шӯҳрат**	[ʃœhrat]
risco (m)	**хатар, таваккал**	[χatar], [tavakkal]
dirigir (~ uma empresa)	**сардорӣ кардан**	[sardori: kardan]

T&P Books. Vocabulário Português-Tadjique - 5000 palavras

informação (f)	маълумот	[ma'lumot]
propriedade (f)	моликият	[molikijat]
união (f)	иттиҳод	[ittihod]
seguro (m) de vida	суғуртакунии ҳаёт	[suʁurtakuni:i hajɔt]
fazer um seguro	суғурта кардан	[suʁurta kardan]
seguro (m)	суғурта	[suʁurta]
leilão (m)	савдо, фурӯш	[savdo], [furœʃ]
notificar (vt)	огоҳ кардан	[ogoh kardan]
gestão (f)	идоракунӣ	[idorakuni:]
serviço (indústria de ~s)	хизмат	[χizmat]
fórum (m)	маҷлис	[madʒlis]
funcionar (vi)	ҳаракат кардан	[harakat kardan]
estágio (m)	марҳала	[marhala]
jurídico	ҳуқуқӣ, ... и ҳуқуқ	[huquqi:], [i huquq]
jurista (m)	ҳуқуқшинос	[huquqʃinos]

72. Produção. Trabalhos

usina (f)	завод	[zavod]
fábrica (f)	фабрика	[fabrika]
oficina (f)	сех	[seχ]
local (m) de produção	истеҳсолот	[istehsolot]
indústria (f)	саноат	[sanoat]
industrial	саноатӣ	[sanoati:]
indústria (f) pesada	саноати вазнин	[sanoati vaznin]
indústria (f) ligeira	саноати сабук	[sanoati sabuk]
produção (f)	тавлидот, маҳсул	[tavlidot], [mahsul]
produzir (vt)	истеҳсол кардан	[istehsol kardan]
matérias-primas (f pl)	ашёи хом	[aʃjɔi χom]
chefe (m) de brigada	сардори бригада	[sardori brigada]
brigada (f)	бригада	[brigada]
operário (m)	коргар	[korgar]
dia (m) de trabalho	рӯзи кор	[rœzi kor]
pausa (f)	танаффус	[tanaffus]
reunião (f)	маҷлис	[madʒlis]
discutir (vt)	муҳокима кардан	[muhokima kardan]
plano (m)	нақша	[naqʃa]
cumprir o plano	иҷрои нақша	[idʒroi naqʃa]
taxa (f) de produção	нормаи кор	[normai kor]
qualidade (f)	сифат	[sifat]
controlo (m)	назорат	[nazorat]
controlo (m) da qualidade	назорати сифат	[nazorati sifat]
segurança (f) no trabalho	бехатарйи меҳнат	[beχatari:i mehnat]
disciplina (f)	низом	[nizom]
infração (f)	вайронкунӣ	[vajronkuni:]

violar (as regras)	**вайрон кардан**	[vajron kardan]
greve (f)	**корпартоӣ**	[korpartoi:]
grevista (m)	**корпарто**	[korparto]
estar em greve	**корпартоӣ кардан**	[korpartoi: kardan]
sindicato (m)	**ташкилоти касабавӣ**	[taʃkiloti kasabavi:]
inventar (vt)	**ихтироъ кардан**	[iχtiro' kardan]
invenção (f)	**ихтироъ**	[iχtiro']
pesquisa (f)	**таҳқиқ**	[tahqiq]
melhorar (vt)	**беҳтар кардан**	[behtar kardan]
tecnologia (f)	**технология**	[teχnologija]
desenho (m) técnico	**нақша, тарҳ**	[naqʃa], [tarh]
carga (f)	**бор**	[bor]
carregador (m)	**борбардор**	[borbardor]
carregar (vt)	**бор кардан**	[bor kardan]
carregamento (m)	**бор кардан**	[bor kardan]
descarregar (vt)	**борро фуровардан**	[borro furovardan]
descarga (f)	**борфурорӣ**	[borfurori:]
transporte (m)	**нақлиёт**	[naqlijɔt]
companhia (f) de transporte	**ширкати нақлиётӣ**	[ʃirkati naqlijɔti:]
transportar (vt)	**кашондан**	[kaʃondan]
vagão (m) de carga	**вагони боркаш**	[vagoni borkaʃ]
cisterna (f)	**систерна**	[sisterna]
camião (m)	**мошини боркаш**	[moʃini borkaʃ]
máquina-ferramenta (f)	**дастгоҳ**	[dastgoh]
mecanismo (m)	**механизм**	[meχanizm]
resíduos (m pl) industriais	**пасмондаҳо**	[pasmondaho]
embalagem (f)	**печонда бастан**	[petʃonda bastan]
embalar (vt)	**печонда бастан**	[petʃonda bastan]

73. Contrato. Acordo

contrato (m)	**шартнома**	[ʃartnoma]
acordo (m)	**созишнома**	[soziʃnoma]
adenda (f), anexo (m)	**илова**	[ilova]
assinar o contrato	**шартнома бастан**	[ʃartnoma bastan]
assinatura (f)	**имзо**	[imzo]
assinar (vt)	**имзо кардан**	[imzo kardan]
carimbo (m)	**мӯҳр**	[mœhr]
objeto (m) do contrato	**мавзӯи шартнома**	[mavzœi ʃartnoma]
cláusula (f)	**модда**	[modda]
partes (f pl)	**тарафҳо**	[tarafho]
morada (f) jurídica	**нишонии ҳуқуқӣ**	[niʃoni:i huquqi:]
violar o contrato	**вайрон кардани шартнома**	[vajron kardani ʃartnoma]
obrigação (f)	**вазифа, ӯҳдадорӣ**	[vazifa], [œhdadori:]

responsabilidade (f)	**масъулият**	[mas'ulijat]
força (f) maior	**форс-мажор**	[fors-maʒor]
litígio (m), disputa (f)	**баҳс**	[bahs]
multas (f pl)	**ҷаримаи шартномавӣ**	[ʤarimai ʃartnomavi:]

74. Importação & Exportação

importação (f)	**воридот**	[voridot]
importador (m)	**воридгари мол**	[voridgari mol]
importar (vt)	**ворид кардан**	[vorid kardan]
de importação	**... и воридот**	[i voridot]
exportação (f)	**содирот**	[sodirot]
exportador (m)	**содиргар**	[sodirgar]
exportar (vt)	**содирот кардан**	[sodirot kardan]
de exportação	**... и содирот**	[i sodirot]
mercadoria (f)	**мол**	[mol]
lote (de mercadorias)	**як миқдор**	[jak miqdor]
peso (m)	**вазн**	[vazn]
volume (m)	**ҳаҷм**	[haʤm]
metro (m) cúbico	**метри кубӣ**	[metri kubi:]
produtor (m)	**истеҳолкунанда**	[isteholkunanda]
companhia (f) de transporte	**ширкати нақлиётӣ**	[ʃirkati naqlijɔti:]
contentor (m)	**контейнер**	[kontejner]
fronteira (f)	**сарҳад**	[sarhad]
alfândega (f)	**гумрукхона**	[gumrukχona]
taxa (f) alfandegária	**хаққи гумрукӣ**	[χaqqi gumruki:]
funcionário (m) da alfândega	**гумрукчӣ**	[gumrukʧi:]
contrabando (atividade)	**қочоқчигӣ**	[qoʧoqʧigi:]
contrabando (produtos)	**қочоқ**	[qoʧoq]

75. Finanças

ação (f)	**саҳмия**	[sahmija]
obrigação (f)	**облигасия**	[obligasija]
nota (f) promissória	**вексел**	[veksel]
bolsa (f)	**биржа**	[birʒa]
cotação (m) das ações	**қурби саҳмия**	[qurbi sahmija]
tornar-se mais barato	**арзон шудан**	[arzon ʃudan]
tornar-se mais caro	**қимат шудан**	[qimat ʃudan]
parte (f)	**ҳақ, саҳм**	[haq], [sahm]
participação (f) maioritária	**пакети контролӣ**	[paketi kontroli:]
investimento (m)	**маблағгузорӣ**	[mablaʁtuzori:]
investir (vt)	**гузоштан**	[guzoʃtan]

percentagem (f)	**фоиз**	[foiz]
juros (m pl)	**фоизҳо**	[foizho]
lucro (m)	**даромад, фоида**	[daromad], [foida]
lucrativo	**фоиданок**	[foidanok]
imposto (m)	**налог, андоз**	[nalog], [andoz]
divisa (f)	**валюта асъор**	[valjuta as'or]
nacional	**миллӣ**	[milli:]
câmbio (m)	**мубодила, иваз**	[mubodila], [ivaz]
contabilista (m)	**бухғалтер**	[buχʁalter]
contabilidade (f)	**бухғалтерия**	[buχʁalterija]
bancarrota (f)	**шикаст, муфлисӣ**	[ʃikast], [muflisi:]
falência (f)	**шикаст, ҳалокат**	[ʃikast], [halokat]
ruína (f)	**муфлисӣ**	[muflisi:]
arruinar-se (vr)	**муфлис шудан**	[muflis ʃudan]
inflação (f)	**бекурбшавии пул**	[bekurbʃavi:i pul]
desvalorização (f)	**беқурбшавии пул**	[bequrbʃavi:i pul]
capital (m)	**капитал**	[kapital]
rendimento (m)	**даромад**	[daromad]
volume (m) de negócios	**гардиш**	[gardiʃ]
recursos (m pl)	**захира**	[zaχira]
recursos (m pl) financeiros	**маблағи пулӣ**	[mablaʁi puli:]
despesas (f pl) gerais	**хароҷоти иловагӣ**	[χarodʒoti ilovagi:]
reduzir (vt)	**кам кардан**	[kam kardan]

76. Marketing

marketing (m)	**маркетинг**	[marketing]
mercado (m)	**бозор**	[bozor]
segmento (m) do mercado	**сегменти бозор**	[segmenti bozor]
produto (m)	**мол, маҳсул**	[mol], [mahsul]
mercadoria (f)	**мол**	[mol]
marca (f)	**тамғаи савдо, бренд**	[tamʁai savdo], [brend]
marca (f) comercial	**тамға**	[tamʁa]
logotipo (m)	**маркаи фирма**	[markai firma]
logo (m)	**логотип**	[logotip]
demanda (f)	**талабот**	[talabot]
oferta (f)	**таклиф**	[taklif]
necessidade (f)	**ниёз, талабот**	[nijɔz], [talabot]
consumidor (m)	**истеъмолкунанда**	[iste'molkunanda]
análise (f)	**таҳлил**	[tahlil]
analisar (vt)	**таҳлил кардан**	[tahlil kardan]
posicionamento (m)	**мавқеъ гирифтан**	[mavqe' giriftan]
posicionar (vt)	**мавқеъгирӣ**	[mavqe'giri:]
preço (m)	**нарх**	[narχ]
política (f) de preços	**сиёсати нархгузорӣ**	[sijɔsati narχguzori:]
formação (f) de preços	**нархгузорӣ**	[narχguzori:]

77. Publicidade

publicidade (f)	**реклама**	[reklama]
publicitar (vt)	**эълон кардан**	[ɛ'lon kardan]
orçamento (m)	**буҷет**	[budʒet]
anúncio (m) publicitário	**реклама, эълон**	[reklama], [ɛ'lon]
publicidade (f) televisiva	**телереклама**	[telereklama]
publicidade (f) na rádio	**реклама дар радио**	[reklama dar radio]
publicidade (f) exterior	**рекламаи беруна**	[reklamai beruna]
comunicação (f) de massa	**васоити ахбор**	[vasoiti aχbor]
periódico (m)	**нашрияи даврӣ**	[naʃrijai davri:]
imagem (f)	**имидж**	[imidʒ]
slogan (m)	**шиор**	[ʃior]
mote (m), divisa (f)	**шиор**	[ʃior]
campanha (f)	**маърака**	[ma'raka]
companha (f) publicitária	**маърака реклама**	[ma'raka reklama]
grupo (m) alvo	**гурӯҳи одамони ба мақсад ҷавобгӯ**	[gurœhi odamoni ba maqsad dʒavobgœ]
cartão (m) de visita	**варақаи боздид**	[varakai bozdid]
flyer (m)	**варақа**	[varaqa]
brochura (f)	**рисола, китобча**	[risola], [kitobtʃa]
folheto (m)	**буклет**	[buklet]
boletim (~ informativo)	**бюллетен**	[bjulleten]
letreiro (m)	**лавҳа**	[lavha]
cartaz, póster (m)	**плакат**	[plakat]
painel (m) publicitário	**лавҳаи эълонҳо**	[lavhai ɛ'lonho]

78. Banca

banco (m)	**банк**	[bank]
sucursal, balcão (f)	**шӯъба**	[ʃœ'ba]
consultor (m)	**мушовир**	[muʃovir]
gerente (m)	**идоракунанда**	[idorakunanda]
conta (f)	**ҳисоб**	[hisob]
número (m) da conta	**рақами суратҳисоб**	[raqami surathisob]
conta (f) corrente	**ҳисоби ҷорӣ**	[hisobi dʒori:]
conta (f) poupança	**суратҳисоби ҷамъшаванда**	[surathisobi dʒam'ʃavanda]
abrir uma conta	**суратҳисоб кушодан**	[surathisob kuʃodan]
fechar uma conta	**бастани суратҳисоб**	[bastani surathisob]
depositar na conta	**ба суратҳисоб гузарондан**	[ba surathisob guzarondan]
levantar (vt)	**аз суратҳисоб гирифтан**	[az surathisob giriftan]
depósito (m)	**амонат**	[amonat]
fazer um depósito	**маблағ гузоштан**	[mablaʁ guzoʃtan]

transferência (f) bancária	интиқоли маблағ	[intiqoli mablaʁ]
transferir (vt)	интиқол додан	[intiqol dodan]
soma (f)	маблағ	[mablaʁ]
Quanto?	Чӣ қадар?	[tʃi: qadar]
assinatura (f)	имзо	[imzo]
assinar (vt)	имзо кардан	[imzo kardan]
cartão (m) de crédito	корти кредитӣ	[korti krediti:]
código (m)	рамз, код	[ramz], [kod]
número (m) do cartão de crédito	рақами корти кредитӣ	[raqami korti krediti:]
Caixa Multibanco (m)	банкомат	[bankomat]
cheque (m)	чек	[tʃek]
passar um cheque	чек навиштан	[tʃek naviʃtan]
livro (m) de cheques	дафтарчаи чек	[daftartʃai tʃek]
empréstimo (m)	қарз	[qarz]
pedir um empréstimo	барои кредит муроҷиат кардан	[baroi kredit murodʒiat kardan]
obter um empréstimo	кредит гирифтан	[kredit giriftan]
conceder um empréstimo	кредит додан	[kredit dodan]
garantia (f)	кафолат, замонат	[kafolat], [zamonat]

79. Telefone. Conversação telefónica

telefone (m)	телефон	[telefon]
telemóvel (m)	телефони мобилӣ	[telefoni mobili:]
secretária (f) electrónica	худҷавобгӯ	[χuddʒavobgœ]
fazer uma chamada	телефон кардан	[telefon kardan]
chamada (f)	занг	[zang]
marcar um número	гирифтани рақамҳо	[giriftani raqamho]
Alô!	алло, ҳа	[allo], [ha]
perguntar (vt)	пурсидан	[pursidan]
responder (vt)	ҷавоб додан	[dʒavob dodan]
ouvir (vt)	шунидан	[ʃunidan]
bem	хуб, нағз	[χub], [naʁz]
mal	бад	[bad]
ruído (m)	садоҳои бегона	[sadohoi begona]
auscultador (m)	гӯшак	[gi:ʃak]
pegar o telefone	бардоштани гӯшак	[bardoʃtani gœʃak]
desligar (vi)	мондани гӯшак	[mondani gœʃak]
ocupado	банд	[band]
tocar (vi)	занг задан	[zang zadan]
lista (f) telefónica	китоби телефон	[kitobi telefon]
local	маҳаллӣ	[mahalli:]
chamada (f) local	занги маҳаллӣ	[zangi mahalli:]

de longa distância	**байнишаҳрӣ**	[bajniʃahri:]
chamada (f) de longa distância	**занги байнишаҳрӣ**	[zangi bajniʃahri:]
internacional	**байналхалқӣ**	[bajnalχalqi:]

80. Telefone móvel

telemóvel (m)	**телефони мобилӣ**	[telefoni mobili:]
ecrã (m)	**дисплей**	[displej]
botão (m)	**тугмача**	[tugmatʃa]
cartão SIM (m)	**сим-корт**	[sim-kort]
bateria (f)	**батарея**	[batareja]
descarregar-se	**бе заряд шудан**	[be zarjad ʃudan]
carregador (m)	**асбоби барқпуркунанда**	[asbobi barqpurkunanda]
menu (m)	**меню**	[menju]
definições (f pl)	**соз кардан**	[soz kardan]
melodia (f)	**оҳанг**	[ohang]
escolher (vt)	**интихоб кардан**	[intiχob kardan]
calculadora (f)	**ҳисобкунак**	[hisobkunak]
correio (m) de voz	**худҷавобгӯ**	[χuddʒavobgœ]
despertador (m)	**соати рӯимизии зангдор**	[soati rœimizi:i zangdor]
contatos (m pl)	**китоби телефон**	[kitobi telefon]
mensagem (f) de texto	**СМС-хабар**	[sms-χabar]
assinante (m)	**муштарӣ**	[muʃtari:]

81. Estacionário

caneta (f)	**ручкаи саққочадор**	[rutʃkai saqqotʃador]
caneta (f) tinteiro	**парқалам**	[parqalam]
lápis (m)	**қалам**	[qalam]
marcador (m)	**маркер**	[marker]
caneta (f) de feltro	**фломастер**	[flomaster]
bloco (m) de notas	**блокнот, дафтари ёддошт**	[bloknot], [daftari jɔddoʃt]
agenda (f)	**рӯзнома**	[rœznoma]
régua (f)	**ҷадвал**	[dʒadval]
calculadora (f)	**ҳисобкунак**	[hisobkunak]
borracha (f)	**ластик**	[lastik]
pionés (m)	**кнопка**	[knopka]
clipe (m)	**скрепка**	[skrepka]
cola (f)	**елим, шилм**	[elim], [ʃilm]
agrafador (m)	**степлер**	[stepler]
afia-lápis (m)	**чарх**	[tʃarχ]

82. Tipos de negócios

serviços (m pl) de contabilidade	**хизмати муҳосиб**	[χizmati muhosib]
publicidade (f)	**реклама**	[reklama]
agência (f) de publicidade	**умури реклама**	[umuri reklama]
ar (m) condicionado	**кондитсионерҳо**	[konditsionerho]
companhia (f) aérea	**ширкати ҳавопаймоӣ**	[ʃirkati havopajmoi:]
bebidas (f pl) alcoólicas	**машруботи спиртдор**	[maʃruboti spirtdor]
comércio (m) de antiguidades	**атиқафурӯшӣ**	[atiqafurœʃi:]
galeria (f) de arte	**нигористон**	[nigoriston]
serviços (m pl) de auditoria	**хизмати аудиторӣ**	[χizmati auditori:]
negócios (m pl) bancários	**бизнеси бонкӣ**	[biznesi bonki:]
bar (m)	**бар**	[bar]
salão (m) de beleza	**кошонаи ҳусн**	[koʃonai husn]
livraria (f)	**мағозаи китоб**	[maʁozai kitob]
cervejaria (f)	**корхонаи пивопазӣ**	[korχonai pivopazi:]
centro (m) de escritórios	**маркази бизнес**	[markazi biznes]
escola (f) de negócios	**мактаби бизнес**	[maktabi biznes]
casino (m)	**казино**	[kazino]
construção (f)	**сохтумон**	[soχtumon]
serviços (m pl) de consultoria	**консалтинг**	[konsalting]
estomatologia (f)	**дандонпизишкӣ**	[dandonpiziʃki:]
design (m)	**дизайн, зебосозӣ**	[dizajn], [zebosozi:]
farmácia (f)	**дорухона**	[doruχona]
lavandaria (f)	**козургарии химиявӣ**	[kozurgari:i χimijavi:]
agência (f) de emprego	**шӯъбаи кадрҳо**	[ʃœ'bai kadrho]
serviços (m pl) financeiros	**хизмати молиявӣ**	[χizmati molijavi:]
alimentos (m pl)	**озуқаворӣ**	[ozuqavori:]
agência (f) funerária	**бюрои дафнкунӣ**	[bjuroi dafnkuni:]
mobiliário (m)	**мебел**	[mebel]
roupa (f)	**либос**	[libos]
hotel (m)	**меҳмонхона**	[mehmonχona]
gelado (m)	**яхмос**	[jaχmos]
indústria (f)	**саноат**	[sanoat]
seguro (m)	**суғуртакунӣ**	[suʁurtakuni:]
internet (f)	**интернет**	[internet]
investimento (m)	**маблағтузорӣ**	[mablaʁtuzori:]
joalheiro (m)	**ҷавҳарӣ**	[dʒavhari:]
joias (f pl)	**ҷавоҳирот**	[dʒavohirot]
lavandaria (f)	**ҷомашӯйхона**	[dʒomaʃœjχona]
serviços (m pl) jurídicos	**ёрии ҳуқуқӣ**	[jɔri:i huquqi:]
indústria (f) ligeira	**саноати сабук**	[sanoati sabuk]
revista (f)	**маҷалла**	[madʒalla]
vendas (f pl) por catálogo	**савдо аз рӯи рӯйхат**	[savdo az rœi rœjχat]
medicina (f)	**тиб**	[tib]
cinema (m)	**кинотеатр**	[kinoteatr]

museu (m)	**осорхона**	[osorχona]
agência (f) de notícias	**оҷонсии хабарӣ**	[odʒonsi:i χabari:]
jornal (m)	**рӯзнома**	[rœznoma]
clube (m) noturno	**клуби шабона**	[klubi ʃabona]
petróleo (m)	**нефт**	[neft]
serviço (m) de encomendas	**шӯъбаи хаткашонӣ**	[ʃœ'bai χatkaʃoni:]
indústria (f) farmacêutica	**дорусозӣ**	[dorusozi:]
poligrafia (f)	**чопхона**	[ʧopχona]
editora (f)	**нашриёт**	[naʃrijɔt]
rádio (m)	**радио**	[radio]
imobiliário (m)	**мулки ғайриманкул**	[mulki ʁajrimankul]
restaurante (m)	**тарабхона**	[tarabχona]
empresa (f) de segurança	**оҷонсии посбонӣ**	[odʒonsi:i posboni:]
desporto (m)	**варзиш**	[varziʃ]
bolsa (f)	**биржа**	[birʒa]
loja (f)	**магазин**	[magazin]
supermercado (m)	**супермаркет**	[supermarket]
piscina (f)	**ҳавз**	[havz]
alfaiataria (f)	**ателе, коргоҳ**	[atele], [korgoh]
televisão (f)	**телевизион**	[televizion]
teatro (m)	**театр**	[teatr]
comércio (atividade)	**савдо**	[savdo]
serviços (m pl) de transporte	**кашондан**	[kaʃondan]
viagens (f pl)	**туризм, саёхат**	[turizm], [sajɔχat]
veterinário (m)	**духтури ҳайвонот**	[duχturi hajvonot]
armazém (m)	**анбор**	[anbor]
recolha (f) do lixo	**баровардани партов**	[barovardani partov]

Emprego. Negócios. Parte 2

83. Espetáculo. Feira

feira (f)	**намоишгоҳ**	[namoiʃgoh]
feira (f) comercial	**намоишгоҳи тиҷоратӣ**	[namoiʃgohi tidʒorati:]
participação (f)	**иштирок**	[iʃtirok]
participar (vi)	**иштирок кардан**	[iʃtirok kardan]
participante (m)	**иштирокчӣ**	[iʃtiroktʃi:]
diretor (m)	**директор, мудир**	[direktor], [mudir]
direção (f)	**кумитаи ташкилкунанда**	[kumitai taʃkilkunanda]
organizador (m)	**ташкилотчӣ**	[taʃkilottʃi:]
organizar (vt)	**ташкил кардан**	[taʃkil kardan]
ficha (f) de inscrição	**ариза барои иштирок**	[ariza baroi iʃtirok]
preencher (vt)	**пур кардан**	[pur kardan]
detalhes (m pl)	**ҷузъиёт**	[dʒuz'ijɔt]
informação (f)	**ахборот**	[aχborot]
preço (m)	**нарх**	[narχ]
incluindo	**дохил карда**	[doχil karda]
incluir (vt)	**дохил кардан**	[doχil kardan]
pagar (vt)	**пул додан**	[pul dodan]
taxa (f) de inscrição	**пардохти бақайдгирӣ**	[pardoχti baqajdgiri:]
entrada (f)	**даромад**	[daromad]
pavilhão (m)	**намоишгоҳ**	[namoiʃgoh]
inscrever (vt)	**қайд кардан**	[qajd kardan]
crachá (m)	**бэҷ**	[bɛdʒ]
stand (m)	**лавҳаи намоишӣ**	[lavhai namoiʃi:]
reservar (vt)	**нигоҳ доштан**	[nigoh doʃtan]
vitrina (f)	**витрина**	[vitrina]
foco, spot (m)	**чароғ**	[tʃaroʁ]
design (m)	**дизайн, зебосозӣ**	[dizajn], [zebosozi:]
pôr, colocar (vt)	**ҷойгир кардан**	[dʒojgir kardan]
ser colocado, -a	**ҷойгир шудан**	[dʒojgir ʃudan]
distribuidor (m)	**дистрибютор**	[distribjutor]
fornecedor (m)	**таъминкунанда**	[ta'minkunanda]
fornecer (vt)	**таъмин кардан**	[ta'min kardan]
país (m)	**кишвар**	[kiʃvar]
estrangeiro	**хориҷӣ**	[χoridʒi:]
produto (m)	**мол, маҳсул**	[mol], [mahsul]
associação (f)	**ассотсиатсия**	[assotsiatsija]
sala (f) de conferências	**маҷлисгоҳ**	[madʒlisgoh]

congresso (m)	**конгресс, анҷуман**	[kongress], [andʒuman]
concurso (m)	**конкурс**	[konkurs]
visitante (m)	**тамошобин**	[tamoʃobin]
visitar (vt)	**ба меҳмонӣ рафтан**	[ba mehmoni: raftan]
cliente (m)	**супоришдиҳанда**	[suporiʃdihanda]

84. Ciência. Investigação. Cientistas

ciência (f)	**фан, илм**	[fan], [ilm]
científico	**илмӣ, фаннӣ**	[ilmi:], [fanni:]
cientista (m)	**олим**	[olim]
teoria (f)	**назария**	[nazarija]
axioma (m)	**аксиома**	[aksioma]
análise (f)	**таҳлил**	[tahlil]
analisar (vt)	**таҳлил кардан**	[tahlil kardan]
argumento (m)	**далел, бурҳон**	[dalel], [burhon]
substância (f)	**модда**	[modda]
hipótese (f)	**гипотеза, фарзия**	[gipoteza], [farzija]
dilema (m)	**дилемма**	[dilemma]
tese (f)	**рисола**	[risola]
dogma (m)	**догма**	[dogma]
doutrina (f)	**доктрина**	[doktrina]
pesquisa (f)	**таҳқиқ**	[tahqiq]
pesquisar (vt)	**таҳқиқ кардан**	[tahqiq kardan]
teste (m)	**назорат**	[nazorat]
laboratório (m)	**лаборатория**	[laboratorija]
método (m)	**метод**	[metod]
molécula (f)	**молекула**	[molekula]
monitoramento (m)	**мониторинг**	[monitoring]
descoberta (f)	**кашф, ихтироъ**	[kaʃf], [iχtiro']
postulado (m)	**постулат**	[postulat]
princípio (m)	**принсип**	[prinsip]
prognóstico (previsão)	**пешгӯӣ**	[peʃgœi:]
prognosticar (vt)	**пешгӯӣ кардан**	[peʃgœi: kardan]
síntese (f)	**синтез**	[sintez]
tendência (f)	**майл**	[majl]
teorema (m)	**теорема**	[teorema]
ensinamentos (m pl)	**таълимот**	[ta'limot]
facto (m)	**факт**	[fakt]
expedição (f)	**экспедитсия**	[ɛkspeditsija]
experiência (f)	**таҷриба, санҷиш**	[tadʒriba], [sandʒiʃ]
académico (m)	**академик**	[akademik]
bacharel (m)	**бакалавр**	[bakalavr]
doutor (m)	**духтур, табиб**	[duχtur], [tabib]
docente (m)	**дотсент**	[dotsent]

| mestre (m) | магистр | [magistr] |
| professor (m) catedrático | профессор | [professor] |

Profissões e ocupações

85. Procura de emprego. Demissão

trabalho (m)	**кор**	[kor]
equipa (f)	**кадрҳо**	[kadrho]
pessoal (m)	**ҳайат**	[hajat]
carreira (f)	**пешравӣ дар мансаб**	[peʃravi: dar mansab]
perspetivas (f pl)	**дурнамо**	[durnamo]
mestria (f)	**ҳунар**	[hunar]
seleção (f)	**интихоб**	[intiχob]
agência (f) de emprego	**шӯъбаи кадрҳо**	[ʃœ'bai kadrho]
CV, currículo (m)	**резюме, сивӣ**	[rezjume], [sivi:]
entrevista (f) de emprego	**сӯҳбат**	[sœhbat]
vaga (f)	**вазифаи холӣ**	[vazifai χoli:]
salário (m)	**музди меҳнат**	[muzdi mehnat]
salário (m) fixo	**моҳона**	[mohona]
pagamento (m)	**ҳақдиҳӣ**	[haqdihi:]
posto (m)	**вазифа**	[vazifa]
dever (do empregado)	**вазифа**	[vazifa]
gama (f) de deveres	**ҳудуди вазифа**	[hududi vazifa]
ocupado	**серкор**	[serkor]
despedir, demitir (vt)	**озод кардан**	[ozod kardan]
demissão (f)	**аз кор холӣ шудан**	[az kor χoli: ʃudan]
desemprego (m)	**бекорӣ**	[bekori:]
desempregado (m)	**бекор**	[bekor]
reforma (f)	**нафақа**	[nafaqa]
reformar-se	**ба нафақа баромадан**	[ba nafaqa baromadan]

86. Gente de negócios

diretor (m)	**директор, мудир**	[direktor], [mudir]
gerente (m)	**идоракунанда**	[idorakunanda]
patrão, chefe (m)	**роҳбар, сардор**	[rohbar], [sardor]
superior (m)	**сардор**	[sardor]
superiores (m pl)	**сардорон**	[sardoron]
presidente (m)	**президент**	[prezident]
presidente (m) de direção	**раис**	[rais]
substituto (m)	**ҷонишин**	[ʤoniʃin]
assistente (m)	**ёвар**	[jɔvar]

secretário (m)	**котиб**	[kotib]
secretário (m) pessoal	**котиби шахсӣ**	[kotibi ʃaχsi:]
homem (m) de negócios	**корчаллон**	[kortʃallon]
empresário (m)	**соҳибкор**	[sohibkor]
fundador (m)	**таъсис**	[ta'sis]
fundar (vt)	**таъсис кардан**	[ta'sis kardan]
fundador, sócio (m)	**муассис**	[muassis]
parceiro, sócio (m)	**шарик**	[ʃarik]
acionista (m)	**саҳмиядор**	[sahmijador]
milionário (m)	**миллионер**	[millioner]
bilionário (m)	**миллиардер**	[milliarder]
proprietário (m)	**соҳиб**	[sohib]
proprietário (m) de terras	**заминдор**	[zamindor]
cliente (m)	**мизоҷ, муштарӣ**	[mizoʤ], [muʃtari:]
cliente (m) habitual	**мизоҷи доимӣ**	[mizoʤi doimi:]
comprador (m)	**харидор, муштарӣ**	[χaridor], [muʃtari:]
visitante (m)	**тамошобин**	[tamoʃobin]
profissional (m)	**усто, устод**	[usto], [ustod]
perito (m)	**мумайиз**	[mumajiz]
especialista (m)	**мутахассис**	[mutaχassis]
banqueiro (m)	**соҳиби банк**	[sohibi bank]
corretor (m)	**брокер**	[broker]
caixa (m, f)	**кассир**	[kassir]
contabilista (m)	**бухғалтер**	[buχʁalter]
guarda (m)	**посбон**	[posbon]
investidor (m)	**маблағгузоранда**	[mablaʁguzoranda]
devedor (m)	**қарздор**	[qarzdor]
credor (m)	**қарздиҳанда**	[qarzdihanda]
mutuário (m)	**вомгир**	[vomgir]
importador (m)	**воридгари мол**	[voridgari mol]
exportador (m)	**содиргар**	[sodirgar]
produtor (m)	**истеҳолкунанда**	[isteholkunanda]
distribuidor (m)	**дистрибютор**	[distribjutor]
intermediário (m)	**даллол**	[dallol]
consultor (m)	**мушовир**	[muʃovir]
representante (m)	**намоянда**	[namojanda]
agente (m)	**агент**	[agent]
agente (m) de seguros	**идораи суғурта**	[idorai suʁurta]

87. Profissões de serviços

cozinheiro (m)	**ошпаз**	[oʃpaz]
cozinheiro chefe (m)	**сарошпаз**	[saroʃpaz]

padeiro (m)	**нонвой**	[nonvoj]
barman (m)	**бармен**	[barmen]
empregado (m) de mesa	**пешхизмат**	[peʃχizmat]
empregada (f) de mesa	**пешхизмат**	[peʃχizmat]
advogado (m)	**адвокат, ҳимоягар**	[advokat], [himojagar]
jurista (m)	**ҳуқуқшинос**	[huquqʃinos]
notário (m)	**нотариус**	[notarius]
eletricista (m)	**барқчӣ**	[barqʧi:]
canalizador (m)	**сантехник**	[santeχnik]
carpinteiro (m)	**дуредгар**	[duredgar]
massagista (m)	**масҳгар**	[mashgar]
massagista (f)	**маҳсгарзан**	[mahsgarzan]
médico (m)	**духтур**	[duχtur]
taxista (m)	**таксичӣ**	[taksiʧi:]
condutor (automobilista)	**ронанда**	[ronanda]
entregador (m)	**хаткашон**	[χatkaʃon]
camareira (f)	**пешхизмат**	[peʃχizmat]
guarda (m)	**посбон**	[posbon]
hospedeira (f) de bordo	**стюардесса**	[stjuardessa]
professor (m)	**муаллим**	[muallim]
bibliotecário (m)	**китобдор**	[kitobdor]
tradutor (m)	**тарҷумон**	[tarʤumon]
intérprete (m)	**тарҷумон**	[tarʤumon]
guia (pessoa)	**роҳбалад**	[rohbalad]
cabeleireiro (m)	**сартарош**	[sartaroʃ]
carteiro (m)	**хаткашон**	[χatkaʃon]
vendedor (m)	**фурӯш**	[furœʃ]
jardineiro (m)	**боғбон**	[boʁbon]
criado (m)	**хизматгор**	[χizmatgor]
criada (f)	**хизматгорзан**	[χizmatgorzan]
empregada (f) de limpeza	**фаррошзан**	[farroʃzan]

88. Profissões militares e postos

soldado (m) raso	**аскари қаторӣ**	[askari qatori:]
sargento (m)	**сержант**	[serʒant]
tenente (m)	**лейтенант**	[lejtenant]
capitão (m)	**капитан**	[kapitan]
major (m)	**майор**	[majɔr]
coronel (m)	**полковник**	[polkovnik]
general (m)	**генерал**	[general]
marechal (m)	**маршал**	[marʃal]
almirante (m)	**адмирал**	[admiral]
militar (m)	**ҳарбӣ, ҷангӣ**	[harbi:], [ʧangi:]
soldado (m)	**аскар**	[askar]

oficial (m)	**афсар**	[afsar]
comandante (m)	**командир**	[komandir]
guarda (m) fronteiriço	**сарҳадбон**	[sarhadbon]
operador (m) de rádio	**радиочӣ**	[radiotʃi:]
explorador (m)	**разведкачӣ**	[razvedkatʃi:]
sapador (m)	**сапёр**	[sapjɔr]
atirador (m)	**тирандоз**	[tirandoz]
navegador (m)	**штурман**	[ʃturman]

89. Oficiais. Padres

rei (m)	**шоҳ**	[ʃoh]
rainha (f)	**малика**	[malika]
príncipe (m)	**шоҳзода**	[ʃohzoda]
princesa (f)	**шоҳдухтар**	[ʃohduχtar]
czar (m)	**шоҳ**	[ʃoh]
czarina (f)	**шоҳзан**	[ʃohzan]
presidente (m)	**президент**	[prezident]
ministro (m)	**вазир**	[vazir]
primeiro-ministro (m)	**сарвазир**	[sarvazir]
senador (m)	**сенатор**	[senator]
diplomata (m)	**дипломат**	[diplomat]
cônsul (m)	**консул**	[konsul]
embaixador (m)	**сафир**	[safir]
conselheiro (m)	**мушовир**	[muʃovir]
funcionário (m)	**амалдор**	[amaldor]
prefeito (m)	**префект**	[prefekt]
Presidente (m) da Câmara	**мир**	[mir]
juiz (m)	**довар**	[dovar]
procurador (m)	**прокурор, додситон**	[prokuror], [dodsiton]
missionário (m)	**миссионер, мубаллиғ**	[missioner], [muballiʁ]
monge (m)	**роҳиб**	[rohib]
abade (m)	**аббат**	[abbat]
rabino (m)	**раббӣ**	[rabbi:]
vizir (m)	**вазир**	[vazir]
xá (m)	**шоҳ**	[ʃoh]
xeque (m)	**шайх**	[ʃajχ]

90. Profissões agrícolas

apicultor (m)	**занбӯрпарвар**	[zanbœrparvar]
pastor (m)	**подабон**	[podabon]
agrónomo (m)	**агроном**	[agronom]

criador (m) de gado	**чорводор**	[ʧorvodor]
veterinário (m)	**духтури ҳайвонот**	[duχturi hajvonot]
agricultor (m)	**фермер**	[fermer]
vinicultor (m)	**шаробсоз**	[ʃarobsoz]
zoólogo (m)	**зоолог**	[zoolog]
cowboy (m)	**ковбой**	[kovboj]

91. Profissões artísticas

ator (m)	**ҳунарманд**	[hunarmand]
atriz (f)	**ҳунарманд**	[hunarmand]
cantor (m)	**сурудхон, ҳофиз**	[surudχon], [hofiz]
cantora (f)	**сароянда**	[sarojanda]
bailarino (m)	**раққос**	[raqqos]
bailarina (f)	**раққоса**	[raqqosa]
artista (m)	**ҳунарманд**	[hunarmand]
artista (f)	**ҳунарманд**	[hunarmand]
músico (m)	**мусиқачӣ**	[musiqaʧi:]
pianista (m)	**пианинонавоз**	[pianinonavoz]
guitarrista (m)	**гиторчӣ**	[gitorʧi:]
maestro (m)	**дирижёр**	[diriʒjɔr]
compositor (m)	**композитор, бастакор**	[kompozitor], [bastakor]
empresário (m)	**импрессарио**	[impressario]
realizador (m)	**коргардон**	[korgardon]
produtor (m)	**продюсер**	[prodjuser]
argumentista (m)	**муаллифи сенарий**	[muallifi senarij]
crítico (m)	**мунаққид**	[munaqqid]
escritor (m)	**нависанда**	[navisanda]
poeta (m)	**шоир**	[ʃoir]
escultor (m)	**ҳайкалтарош**	[hajkaltaroʃ]
pintor (m)	**рассом**	[rassom]
malabarista (m)	**жонглёр**	[ʒongljɔr]
palhaço (m)	**масхарабоз**	[masχaraboz]
acrobata (m)	**дорбоз, акробат**	[dorboz], [akrobat]
mágico (m)	**найрангбоз**	[najrangboz]

92. Várias profissões

médico (m)	**духтур**	[duχtur]
enfermeira (f)	**ҳамшираи тиббӣ**	[hamʃirai tibbi:]
psiquiatra (m)	**равонпизишк**	[ravonpiziʃk]
estomatologista (m)	**дандонпизишк**	[dandonpiziʃk]
cirurgião (m)	**ҷарроҳ**	[ʤarroh]

astronauta (m)	**кайҳоннавард**	[kajhonnavard]
astrónomo (m)	**ситорашинос**	[sitoraʃinos]
piloto (m)	**лётчик**	[ljɔttʃik]
motorista (m)	**ронанда**	[ronanda]
maquinista (m)	**мошинист**	[moʃinist]
mecânico (m)	**механик**	[meχanik]
mineiro (m)	**конкан**	[konkan]
operário (m)	**коргар**	[korgar]
serralheiro (m)	**челонгар**	[tʃelongar]
marceneiro (m)	**дуредгар, наҷҷор**	[duredgar], [nadʒdʒor]
torneiro (m)	**харрот**	[χarrot]
construtor (m)	**бинокор**	[binokor]
soldador (m)	**кафшергар**	[kafʃergar]
professor (m) catedrático	**профессор**	[professor]
arquiteto (m)	**меъмор**	[me'mor]
historiador (m)	**таърихдон**	[ta'riχdon]
cientista (m)	**олим**	[olim]
físico (m)	**физик**	[fizik]
químico (m)	**химик**	[χimik]
arqueólogo (m)	**археолог**	[arχeolog]
geólogo (m)	**геолог**	[geolog]
pesquisador (cientista)	**таҳқикотчӣ**	[tahqikottʃi:]
babysitter (f)	**бачабардор**	[batʃabardor]
professor (m)	**муаллим**	[muallim]
redator (m)	**муҳаррир**	[muharrir]
redator-chefe (m)	**сармуҳаррир**	[sarmuharrir]
correspondente (m)	**мухбир**	[muχbir]
datilógrafa (f)	**мошинистка**	[moʃinistka]
designer (m)	**дизайнгар, зебосоз**	[dizajngar], [zebosoz]
especialista (m) em informática	**устои компютер**	[ustoi kompjuter]
programador (m)	**барномасоз**	[barnomasoz]
engenheiro (m)	**инженер**	[inʒener]
marujo (m)	**баҳрчӣ**	[bahrtʃi:]
marinheiro (m)	**баҳрчӣ, маллоҳ**	[bahrtʃi:], [malloh]
salvador (m)	**наҷотдиҳанда**	[nadʒotdihanda]
bombeiro (m)	**сӯхторхомӯшкун**	[sœχtorχomœʃkun]
polícia (m)	**полис**	[polis]
guarda-noturno (m)	**посбон**	[posbon]
detetive (m)	**ҷустуҷӯкунанда**	[dʒustudʒœkunanda]
funcionário (m) da alfândega	**гумрукчӣ**	[gumruktʃi:]
guarda-costas (m)	**муҳофиз**	[muhofiz]
guarda (m) prisional	**назоратчии ҳабсхона**	[nazorattʃi:i habsχona]
inspetor (m)	**назоратчӣ**	[nazorattʃi:]
desportista (m)	**варзишгар**	[varziʃgar]
treinador (m)	**тренер**	[trener]

talhante (m)	**қассоб, гӯштфурӯш**	[qassob], [gœʃtfurœʃ]
sapateiro (m)	**мӯзадӯз**	[mœzadœz]
comerciante (m)	**савдогар, тоҷир**	[savdogar], [toʤir]
carregador (m)	**борбардор**	[borbardor]
estilista (m)	**тарҳсоз**	[tarhsoz]
modelo (f)	**модел**	[model]

93. Ocupações. Estatuto social

aluno, escolar (m)	**мактабхон**	[maktabχon]
estudante (~ universitária)	**донишҷӯ**	[doniʃʤœ]
filósofo (m)	**файласуф**	[fajlasuf]
economista (m)	**иқтисодчӣ**	[iqtisodʧi:]
inventor (m)	**ихтироъкор**	[iχtiro'kor]
desempregado (m)	**бекор**	[bekor]
reformado (m)	**нафақахӯр**	[nafaqaχœr]
espião (m)	**ҷосус**	[ʤosus]
preso (m)	**маҳбус**	[mahbus]
grevista (m)	**корпарто**	[korparto]
burocrata (m)	**бюрократ**	[bjurokrat]
viajante (m)	**сайёх**	[sajjɔχ]
homossexual (m)	**гомосексуалист**	[gomoseksualist]
hacker (m)	**хакер**	[χaker]
hippie	**хиппи**	[χippi]
bandido (m)	**роҳзан**	[rohzan]
assassino (m) a soldo	**қотили зархарид**	[qotili zarχarid]
toxicodependente (m)	**нашъаманд**	[naʃamand]
traficante (m)	**нашъаҷаллоб**	[naʃaʤallob]
prostituta (f)	**фоҳиша**	[fohiʃa]
chulo (m)	**занҷаллоб**	[zanʤallob]
bruxo (m)	**ҷодугар**	[ʤodugar]
bruxa (f)	**занаки ҷодугар**	[zanaki ʤodugar]
pirata (m)	**роҳзани баҳрӣ**	[rohzani bahri:]
escravo (m)	**ғулом**	[ʁulom]
samurai (m)	**самурай**	[samuraj]
selvagem (m)	**одами ваҳшӣ**	[odami vahʃi:]

Educação

94. Escola

escola (f)	**мактаб**	[maktab]
diretor (m) de escola	**директори мактаб**	[direktori maktab]
aluno (m)	**талаба**	[talaba]
aluna (f)	**толиба**	[toliba]
escolar (m)	**мактабхон**	[maktabχon]
escolar (f)	**духтари мактабхон**	[duχtari maktabχon]
ensinar (vt)	**меомӯзонад**	[meomœzonad]
aprender (vt)	**омӯхтан**	[omœχtan]
aprender de cor	**аз ёд кардан**	[az jɔd kardan]
estudar (vi)	**омӯхтан**	[omœχtan]
andar na escola	**дар мактаб хондан**	[dar maktab χondan]
ir à escola	**ба мактаб рафтан**	[ba maktab raftan]
alfabeto (m)	**алифбо**	[alifbo]
disciplina (f)	**фан**	[fan]
sala (f) de aula	**синф, дарсхона**	[sinf], [darsχona]
lição (f)	**дарс**	[dars]
recreio (m)	**танаффус**	[tanaffus]
toque (m)	**занг**	[zang]
carteira (f)	**парта**	[parta]
quadro (m) negro	**тахтаи синф**	[taχtai sinf]
nota (f)	**баҳо**	[baho]
boa nota (f)	**баҳои хуб**	[bahoi χub]
nota (f) baixa	**баҳои бад**	[bahoi bad]
dar uma nota	**баҳо гузоштан**	[baho guzoʃtan]
erro (m)	**хато**	[χato]
fazer erros	**хато кардан**	[χato kardan]
corrigir (vt)	**ислоҳ кардан**	[isloh kardan]
cábula (f)	**шпаргалка**	[ʃpargalka]
dever (m) de casa	**вазифаи хонагӣ**	[vazifai χonagi:]
exercício (m)	**машқ**	[maʃq]
estar presente	**иштирок доштан**	[iʃtirok doʃtan]
estar ausente	**набудан**	[nabudan]
faltar às aulas	**ба дарс нарафтан**	[ba dars naraftan]
punir (vt)	**ҷазо додан**	[dʒazo dodan]
punição (f)	**ҷазо**	[dʒazo]
comportamento (m)	**рафтор**	[raftor]

boletim (m) escolar	**рӯзнома**	[rœznoma]
lápis (m)	**қалам**	[qalam]
borracha (f)	**ластик**	[lastik]
giz (m)	**бӯр**	[bœr]
estojo (m)	**қаламдон**	[qalamdon]
pasta (f) escolar	**ҷузвкаш**	[dʒuzvkaʃ]
caneta (f)	**ручка**	[rutʃka]
caderno (m)	**дафтар**	[daftar]
manual (m) escolar	**китоби дарсӣ**	[kitobi darsi:]
compasso (m)	**паргор**	[pargor]
traçar (vt)	**нақша кашидан**	[naqʃa kaʃidan]
desenho (m) técnico	**нақша, тарҳ**	[naqʃa], [tarh]
poesia (f)	**шеър**	[ʃe'r]
de cor	**аз ёд**	[az jɔd]
aprender de cor	**аз ёд кардан**	[az jɔd kardan]
férias (f pl)	**таътил**	[ta'til]
estar de férias	**дар таътил будан**	[dar ta'til budan]
passar as férias	**таътилро гузаронидан**	[ta'tilro guzaronidan]
teste (m)	**кори санҷишӣ**	[kori sandʒiʃi:]
composição, redação (f)	**иншо**	[inʃo]
ditado (m)	**диктант, имло**	[diktant], [imlo]
exame (m)	**имтиҳон**	[imtihon]
fazer exame	**имтиҳон супоридан**	[imtihon suporidan]
experiência (~ química)	**таҷриба, санҷиш**	[tadʒriba], [sandʒiʃ]

95. Colégio. Universidade

academia (f)	**академия**	[akademija]
universidade (f)	**университет**	[universitet]
faculdade (f)	**факулта**	[fakulta]
estudante (m)	**донишҷӯ**	[doniʃdʒœ]
estudante (f)	**донишҷӯ**	[doniʃdʒœ]
professor (m)	**устод**	[ustod]
sala (f) de palestras	**синф**	[sinf]
graduado (m)	**хатмкунанда**	[χatmkunanda]
diploma (m)	**диплом**	[diplom]
tese (f)	**рисола**	[risola]
estudo (obra)	**тадқиқот**	[tadqiqot]
laboratório (m)	**лаборатория**	[laboratorija]
palestra (f)	**лексия**	[lekcija]
colega (m) de curso	**ҳамкурс**	[hamkurs]
bolsa (f) de estudos	**стипендия**	[stipendija]
grau (m) académico	**унвони илмӣ**	[unvoni ilmi:]

96. Ciências. Disciplinas

matemática (f)	**математика**	[matematika]
álgebra (f)	**алгебра, алҷабр**	[algebra], [alʤabr]
geometria (f)	**геометрия**	[geometrija]
astronomia (f)	**ситорашиносӣ**	[sitoraʃinosi:]
biologia (f)	**биология, илми ҳаёт**	[biologija], [ilmi hajɔt]
geografia (f)	**география**	[geografija]
geologia (f)	**геология**	[geologija]
história (f)	**таърих**	[ta'riχ]
medicina (f)	**тиб**	[tib]
pedagogia (f)	**омӯзгорӣ**	[omœzgori:]
direito (m)	**ҳуқуқ**	[huquq]
física (f)	**физика**	[fizika]
química (f)	**химия**	[χimija]
filosofia (f)	**фалсафа**	[falsafa]
psicologia (f)	**равоншиносӣ**	[ravonʃinosi:]

97. Sistema de escrita. Ortografia

gramática (f)	**грамматика**	[grammatika]
vocabulário (m)	**лексика**	[leksika]
fonética (f)	**савтиёт**	[savtijɔt]
substantivo (m)	**исм**	[ism]
adjetivo (m)	**сифат**	[sifat]
verbo (m)	**феъл**	[fe'l]
advérbio (m)	**зарф**	[zarf]
pronome (m)	**ҷонишин**	[ʤoniʃin]
interjeição (f)	**нидо**	[nido]
preposição (f)	**пешоянд**	[peʃojand]
raiz (f) da palavra	**решаи калима**	[reʃai kalima]
terminação (f)	**бандак**	[bandak]
prefixo (m)	**префикс**	[prefiks]
sílaba (f)	**ҳиҷо**	[hiʤo]
sufixo (m)	**суффикс**	[suffiks]
acento (m)	**зада**	[zada]
apóstrofo (m)	**апостроф**	[apostrof]
ponto (m)	**нуқта**	[nuqta]
vírgula (f)	**вергул**	[vergul]
ponto e vírgula (m)	**нуқтаву вергул**	[nuqtavu vergul]
dois pontos (m pl)	**ду нуқта**	[du nuqta]
reticências (f pl)	**бисёрнуқта**	[bisjɔrnuqta]
ponto (m) de interrogação	**аломати савол**	[alomati savol]
ponto (m) de exclamação	**аломати хитоб**	[alomati χitob]

aspas (f pl)	**нохунак**	[noχunak]
entre aspas	**дар нохунак**	[dar noχunak]
parênteses (m pl)	**қавсҳо**	[qavsho]
entre parênteses	**дар қавс**	[dar qavs]
hífen (m)	**нимтире**	[nimtire]
travessão (m)	**тире**	[tire]
espaço (m)	**масофа**	[masofa]
letra (f)	**ҳарф**	[harf]
letra (f) maiúscula	**ҳарфи калон**	[harfi kalon]
vogal (f)	**садонок**	[sadonok]
consoante (f)	**овози ҳамсадо**	[ovozi hamsado]
frase (f)	**ҷумла**	[ʤumla]
sujeito (m)	**мубтадо**	[mubtado]
predicado (m)	**хабар**	[χabar]
linha (f)	**сатр, хат**	[satr], [χat]
em uma nova linha	**аз хати нав**	[az χati nav]
parágrafo (m)	**сарсатр**	[sarsatr]
palavra (f)	**калима**	[kalima]
grupo (m) de palavras	**ибора**	[ibora]
expressão (f)	**ибора**	[ibora]
sinónimo (m)	**муродиф**	[murodif]
antónimo (m)	**антоним**	[antonim]
regra (f)	**қоида**	[qoida]
exceção (f)	**истисно**	[istisno]
correto	**дуруст**	[durust]
conjugação (f)	**тасриф**	[tasrif]
declinação (f)	**тасриф**	[tasrif]
caso (m)	**ҳолат**	[holat]
pergunta (f)	**савол**	[savol]
sublinhar (vt)	**хат кашидан**	[χat kaʃidan]
linha (f) pontilhada	**қаторнуқта**	[qatornuqta]

98. Línguas estrangeiras

língua (f)	**забон**	[zabon]
estrangeiro	**хориҷӣ**	[χoriʤi:]
língua (f) estrangeira	**забони хориҷӣ**	[zaboni χoriʤi:]
estudar (vt)	**омӯхтан**	[omœχtan]
aprender (vt)	**омӯхтан**	[omœχtan]
ler (vt)	**хондан**	[χondan]
falar (vi)	**гап задан**	[gap zadan]
compreender (vt)	**фаҳмидан**	[fahmidan]
escrever (vt)	**навиштан**	[naviʃtan]
rapidamente	**босуръат**	[bosur'at]
devagar	**оҳиста**	[ohista]

fluentemente	**озодона**	[ozodona]
regras (f pl)	**қоидаҳо**	[qoidaho]
gramática (f)	**грамматика**	[grammatika]
vocabulário (m)	**лексика**	[leksika]
fonética (f)	**савтиёт**	[savtijɔt]
manual (m) escolar	**китоби дарсӣ**	[kitobi darsi:]
dicionário (m)	**луғат**	[luʁat]
manual (m) de autoaprendizagem	**худомӯз**	[χudomœz]
guia (m) de conversação	**сӯҳбатнома**	[sœhbatnoma]
cassete (f)	**кассета**	[kasseta]
vídeo cassete (m)	**видеокассета**	[videokasseta]
CD (m)	**CD, диски компактӣ**	[ɔɛ], [diski kompakti:]
DVD (m)	**DVD-диск**	[ɛøɛ-disk]
alfabeto (m)	**алифбо**	[alifbo]
soletrar (vt)	**ҳарфакӣ гап задан**	[harfaki: gap zadan]
pronúncia (f)	**талаффуз**	[talaffuz]
sotaque (m)	**зада, аксент**	[zada], [aksent]
com sotaque	**бо аксент**	[bo aksent]
sem sotaque	**бе аксент**	[be aksent]
palavra (f)	**калима**	[kalima]
sentido (m)	**маънӣ, маъно**	[ma'ni:], [ma'no]
cursos (m pl)	**курсҳо, дарсҳо**	[kursho], [darsho]
inscrever-se (vr)	**дохил шудан**	[doχil ʃudan]
professor (m)	**муаллим**	[muallim]
tradução (processo)	**тарҷума**	[tarʤuma]
tradução (texto)	**тарҷума**	[tarʤuma]
tradutor (m)	**тарҷумон**	[tarʤumon]
intérprete (m)	**тарҷумон**	[tarʤumon]
poliglota (m)	**забондон**	[zabondon]
memória (f)	**ҳофиза**	[hofiza]

Descanso. Entretenimento. Viagens

99. Viagens

turismo (m)	**туризм, саёҳат**	[turizm], [sajɔχat]
turista (m)	**саёҳатчӣ**	[sajɔhatʧi:]
viagem (f)	**саёҳат**	[sajɔhat]
aventura (f)	**саргузашт**	[sarguzaʃt]
viagem (f)	**сафар**	[safar]
férias (f pl)	**рухсатӣ**	[ruχsati:]
estar de férias	**дар рухсатӣ будан**	[dar ruχsati: budan]
descanso (m)	**истироҳат**	[istirohat]
comboio (m)	**поезд, қатор**	[poezd], [qator]
de comboio (chegar ~)	**бо қатора**	[bo qatora]
avião (m)	**ҳавопаймо**	[havopajmo]
de avião	**бо ҳавопаймо**	[bo havopajmo]
de carro	**бо мошин**	[bo moʃin]
de navio	**бо киштӣ**	[bo kiʃti:]
bagagem (f)	**бағоҷ, бор**	[baʁoʤ], [bor]
mala (f)	**ҷомадон**	[ʤomadon]
carrinho (m)	**аробаи боғочкашӣ**	[arobai boʁoʧkaʃi:]
passaporte (m)	**шиноснома**	[ʃinosnoma]
visto (m)	**виза**	[viza]
bilhete (m)	**билет**	[bilet]
bilhete (m) de avião	**чиптаи ҳавопаймо**	[ʧiptai havopajmo]
guia (m) de viagem	**роҳнома**	[rohnoma]
mapa (m)	**харита**	[χarita]
local (m), area (f)	**ҷой, маҳал**	[ʤoj], [mahal]
lugar, sítio (m)	**ҷой**	[ʤoj]
exotismo (m)	**ғароибот**	[ʁaroibot]
exótico	**... и ғароиб**	[i ʁaroib]
surpreendente	**ҳайратангез**	[hajratangez]
grupo (m)	**гурӯҳ**	[gurœh]
excursão (f)	**экскурсия, саёҳат**	[ɛkskursija], [sajɔhat]
guia (m)	**роҳбари экскурсия**	[rohbari ɛkskursija]

100. Hotel

hotel (m)	**меҳмонхона**	[mehmonχona]
motel (m)	**меҳмонхона**	[mehmonχona]
três estrelas	**се ситорадор**	[se sitorador]

cinco estrelas	**панҷ ситорадор**	[panʤ sitorador]
ficar (~ num hotel)	**фуромадан**	[furomadan]
quarto (m)	**ҳуҷра**	[huʤra]
quarto (m) individual	**ҳуҷраи якнафара**	[huʤrai jaknafara]
quarto (m) duplo	**ҳуҷраи дунафара**	[huʤrai dunafara]
reservar um quarto	**банд кардани ҳуҷра**	[band kardani huʤra]
meia pensão (f)	**бо нимтаъминот**	[bo nimta'minot]
pensão (f) completa	**бо таъминоти пурра**	[bo ta'minoti purra]
com banheira	**ваннадор**	[vannador]
com duche	**душдор**	[duʃdor]
televisão (m) satélite	**телевизиони спутникӣ**	[televizioni sputniki:]
ar (m) condicionado	**кондитсионер**	[konditsioner]
toalha (f)	**сачоқ**	[saʧoq]
chave (f)	**калид**	[kalid]
administrador (m)	**маъмур, мудир**	[ma'mur], [mudir]
camareira (f)	**пешхизмат**	[peʃχizmat]
bagageiro (m)	**ҳаммол**	[hammol]
porteiro (m)	**дарбони меҳмонхона**	[darboni mehmonχona]
restaurante (m)	**тарабхона**	[tarabχona]
bar (m)	**бар**	[bar]
pequeno-almoço (m)	**ноништа**	[noniʃta]
jantar (m)	**шом**	[ʃom]
buffet (m)	**мизи шведӣ**	[mizi ʃvedi:]
hall (m) de entrada	**миёнсарой**	[mijɔnsaroj]
elevador (m)	**лифт**	[lift]
NÃO PERTURBE	**ХАЛАЛ НАРАСОНЕД**	[χalal narasoned]
PROIBIDO FUMAR!	**ТАМОКУ НАКАШЕД!**	[tamoku nakaʃed]

EQUIPAMENTO TÉCNICO. TRANSPORTES

Equipamento técnico. Transportes

101. Computador

computador (m)	**компютер**	[kompjuter]
portátil (m)	**ноутбук**	[noutbuk]
ligar (vt)	**даргирондан**	[dargirondan]
desligar (vt)	**куштан**	[kuʃtan]
teclado (m)	**клавиатура**	[klaviatura]
tecla (f)	**тугмача**	[tugmaʧa]
rato (m)	**муш**	[muʃ]
tapete (m) de rato	**гилемчаи муш**	[gilemʧai muʃ]
botão (m)	**тугмача**	[tugmaʧa]
cursor (m)	**курсор**	[kursor]
monitor (m)	**монитор**	[monitor]
ecrã (m)	**экран**	[ɛkran]
disco (m) rígido	**диски сахт**	[diski saχt]
capacidade (f) do disco rígido	**ҳаҷми диски сахт**	[haʤmi diski saχt]
memória (f)	**ҳофиза**	[hofiza]
memória RAM (f)	**хотираи фаврӣ**	[χotirai favri:]
ficheiro (m)	**файл**	[fajl]
pasta (f)	**папка**	[papka]
abrir (vt)	**кушодан**	[kuʃodan]
fechar (vt)	**пӯшидан, бастан**	[pœʃidan], [bastan]
guardar (vt)	**нигоҳ доштан**	[nigoh doʃtan]
apagar, eliminar (vt)	**нобуд кардан**	[nobud kardan]
copiar (vt)	**нусха бардоштан**	[nusχa bardoʃtan]
ordenar (vt)	**ба хелҳо ҷудо кардан**	[ba χelho ʤudo kardan]
copiar (vt)	**аз нав навиштан**	[az nav naviʃtan]
programa (m)	**барнома**	[barnoma]
software (m)	**барномаи таъминотӣ**	[barnomai ta'minoti:]
programador (m)	**барномасоз**	[barnomasoz]
programar (vt)	**барномасозӣ кардан**	[barnomasozi: kardan]
hacker (m)	**хакер**	[χaker]
senha (f)	**рамз**	[ramz]
vírus (m)	**вирус**	[virus]
detetar (vt)	**кашф кардан**	[kaʃf kardan]
byte (m)	**байт**	[bajt]

megabyte (m)	**мегабайт**	[megabajt]
dados (m pl)	**маълумот**	[ma'lumot]
base (f) de dados	**манбаи маълумот**	[manbai ma'lumot]

cabo (m)	**кабел**	[kabel]
desconectar (vt)	**ҷудо кардан**	[dʒudo kardan]
conetar (vt)	**васл кардан**	[vasl kardan]

102. Internet. E-mail

internet (f)	**интернет**	[internet]
browser (m)	**браузер**	[brauzer]
motor (m) de busca	**манбаи ҷустуҷӯкунанда**	[manbai dʒustudʒœkunanda]
provedor (m)	**провайдер**	[provajder]

webmaster (m)	**веб-мастер**	[veb-master]
website, sítio web (m)	**веб-сомона**	[veb-somona]
página (f) web	**веб-саҳифа**	[veb-sahifa]

endereço (m)	**адрес, унвон**	[adres], [unvon]
livro (m) de endereços	**дафтари адресҳо**	[daftari adresho]

caixa (f) de correio	**қуттии почта**	[qutti:i potʃta]
correio (m)	**почта**	[potʃta]
cheia (caixa de correio)	**пур**	[pur]

mensagem (f)	**хабар**	[χabar]
mensagens (f pl) recebidas	**хабари дароянда**	[χabari darojanda]
mensagens (f pl) enviadas	**хабари бароянда**	[χabari barojanda]

remetente (m)	**ирсолкунанда**	[irsolkunanda]
enviar (vt)	**ирсол кардан**	[irsol kardan]
envio (m)	**ирсол**	[irsol]

destinatário (m)	**гиранда**	[giranda]
receber (vt)	**гирифтан**	[giriftan]

correspondência (f)	**мукотиба**	[mukotiba]
corresponder-se (vr)	**мукотиба доштан**	[mukotiba doʃtan]

ficheiro (m)	**файл**	[fajl]
fazer download, baixar	**нусха бардоштан**	[nusχa bardoʃtan]
criar (vt)	**сохтан**	[soχtan]
apagar, eliminar (vt)	**нобуд кардан**	[nobud kardan]
eliminado	**нобудшуда**	[nobudʃuda]

conexão (f)	**алоқа**	[aloqa]
velocidade (f)	**суръат**	[sur'at]
modem (m)	**модем**	[modem]
acesso (m)	**даромадан**	[daromadan]
porta (f)	**порт**	[port]

conexão (f)	**пайвастан**	[pajvastan]
conetar (vi)	**пайваст шудан**	[pajvast ʃudan]

escolher (vt)	**интихоб кардан**	[intiχob kardan]
buscar (vt)	**ҷустан**	[ʤustan]

103. Eletricidade

eletricidade (f)	**барқ**	[barq]
elétrico	**барқӣ**	[barqi:]
central (f) elétrica	**стансияи барқӣ**	[stansijai barqi:]
energia (f)	**қувва, қувват**	[quvva], [quvvat]
energia (f) elétrica	**кувваи электрикӣ**	[kuvvai ɛlektriki:]
lâmpada (f)	**лампача, чароғча**	[lampaʧa], [ʧaroʁʧa]
lanterna (f)	**фонуси дастӣ**	[fonusi dasti:]
poste (m) de iluminação	**фонуси кӯчагӣ**	[fonusi kœʧagi:]
luz (f)	**чароғ**	[ʧaroʁ]
ligar (vt)	**даргирондан**	[dargirondan]
desligar (vt)	**куштан**	[kuʃtan]
apagar a luz	**чароғро куштан**	[ʧaroʁro kuʃtan]
fundir (vi)	**сухтан**	[suχtan]
curto-circuito (m)	**расиши кӯтоҳ**	[rasiʃi kœtoh]
rutura (f)	**канда шуданӣ**	[kanda ʃudani:]
contacto (m)	**васл**	[vasl]
interruptor (m)	**калидак**	[kalidak]
tomada (f)	**розетка**	[rozetka]
ficha (f)	**вилка**	[vilka]
extensão (f)	**удлинител**	[udlinitel]
fusível (m)	**пешгирикунанда**	[peʃgirikunanda]
fio, cabo (m)	**сим**	[sim]
instalação (f) elétrica	**сими барқ**	[simi barq]
ampere (m)	**ампер**	[amper]
amperagem (f)	**қувваи барқ**	[quvvai barq]
volt (m)	**волт**	[volt]
voltagem (f)	**шиддат**	[ʃiddat]
aparelho (m) elétrico	**асбоби барқӣ**	[asbobi barqi:]
indicador (m)	**индикатор**	[indikator]
eletricista (m)	**барқчӣ**	[barqʧi:]
soldar (vt)	**лаҳим кардан**	[lahim kardan]
ferro (m) de soldar	**лаҳимкаш**	[lahimkaʃ]
corrente (f) elétrica	**барқ**	[barq]

104. Ferramentas

ferramenta (f)	**абзор**	[abzor]
ferramentas (f pl)	**асбобу анҷом**	[asbobu anʤom]
equipamento (m)	**таҷҳизот**	[taʤhizot]

martelo (m)	**болғача**	[bolʁatʃa]
chave (f) de fendas	**мурваттоб**	[murvattob]
machado (m)	**табар**	[tabar]
serra (f)	**арра**	[arra]
serrar (vt)	**арра кардан**	[arra kardan]
plaina (f)	**ранда**	[randa]
aplainar (vt)	**ранда кардан**	[randa kardan]
ferro (m) de soldar	**лаҳимкаш**	[lahimkaʃ]
soldar (vt)	**лаҳим кардан**	[lahim kardan]
lima (f)	**сӯҳон**	[sœhon]
tenaz (f)	**анбӯр**	[anbœr]
alicate (m)	**анбур**	[anbur]
formão (m)	**искана**	[iskana]
broca (f)	**парма**	[parma]
berbequim (f)	**парма**	[parma]
furar (vt)	**парма кардан**	[parma kardan]
faca (f)	**корд**	[kord]
lâmina (f)	**теғ, дам**	[teʁ], [dam]
afiado	**тез**	[tez]
cego	**кунд**	[kund]
embotar-se (vr)	**кунд шудан**	[kund ʃudan]
afiar, amolar (vt)	**тез кардан**	[tez kardan]
parafuso (m)	**болт**	[bolt]
porca (f)	**гайка**	[gajka]
rosca (f)	**рахапеч**	[raχapetʃ]
parafuso (m) para madeira	**мехи печдор**	[meχi petʃdor]
prego (m)	**мех**	[meχ]
cabeça (f) do prego	**сари мех**	[sari meχ]
régua (f)	**ҷадвал**	[dʒadval]
fita (f) métrica	**чентаноб**	[tʃentanob]
nível (m)	**уровен**	[uroven]
lupa (f)	**лупа, пурбин**	[lupa], [purbin]
medidor (m)	**асбоби ченкунӣ**	[asbobi tʃenkuni:]
medir (vt)	**чен кардан**	[tʃen kardan]
escala (f)	**ҷадвал**	[dʒadval]
indicação (f), registo (m)	**нишондод**	[niʃondod]
compressor (m)	**компрессор**	[kompressor]
microscópio (m)	**микроскоп, заррабин**	[mikroskop], [zarrabin]
bomba (f)	**насос, обдуздак**	[nasos], [obduzdak]
robô (m)	**робот**	[robot]
laser (m)	**лазер**	[lazer]
chave (f) de boca	**калиди гайка**	[kalidi gajka]
fita (f) adesiva	**скоч**	[skotʃ]
cola (f)	**елим, шилм**	[elim], [ʃilm]

lixa (f)	**коғази сунбода**	[koʁazi sunboda]
mola (f)	**пружин**	[pruʒin]
íman (m)	**магнит, оҳанрабо**	[magnit], [ohanrabo]
luvas (f pl)	**дастпӯшак**	[dastpœʃak]
corda (f)	**арғамчин, таноб**	[arʁamʧin], [tanob]
cordel (m)	**ресмон**	[resmon]
fio (m)	**сим**	[sim]
cabo (m)	**кабел**	[kabel]
marreta (f)	**босқон**	[bosqon]
pé de cabra (m)	**мисрон**	[misron]
escada (f) de mão	**зина, зинапоя**	[zina], [zinapoja]
escadote (m)	**нардбонча**	[nardbonʧa]
enroscar (vt)	**тофтан, тоб додан**	[toftan], [tob dodan]
desenroscar (vt)	**тоб дода кушодан**	[tob doda kuʃodan]
apertar (vt)	**фишурдан**	[fiʃurdan]
colar (vt)	**часпонидан**	[ʧasponidan]
cortar (vt)	**буридан**	[buridan]
falha (mau funcionamento)	**нодурустӣ, носозӣ**	[nodurusti:], [nosozi:]
conserto (m)	**таъмир**	[ta'mir]
consertar, reparar (vt)	**таъмир кардан**	[ta'mir kardan]
regular, ajustar (vt)	**танзим кардан**	[tanzim kardan]
verificar (vt)	**тафтиш кардан**	[taftiʃ kardan]
verificação (f)	**тафтиш**	[taftiʃ]
indicação (f), registo (m)	**нишондод**	[niʃondod]
seguro	**боэътимод**	[boɛ'timod]
complicado	**мураккаб**	[murakkab]
enferrujar (vi)	**занг задан**	[zang zadan]
enferrujado	**зангзада**	[zangzada]
ferrugem (f)	**занг**	[zang]

Transportes

105. Avião

avião (m)	**ҳавопаймо**	[havopajmo]
bilhete (m) de avião	**чиптаи ҳавопаймо**	[ʧiptai havopajmo]
companhia (f) aérea	**ширкати ҳавопаймоӣ**	[ʃirkati havopajmoi:]
aeroporto (m)	**аэропорт**	[aɛroport]
supersónico	**фавқуссадо**	[favqussado]
comandante (m) do avião	**фармондеҳи киштӣ**	[farmondehi kiʃti:]
tripulação (f)	**экипаж**	[ɛkipaʒ]
piloto (m)	**сарнишин**	[sarniʃin]
hospedeira (f) de bordo	**стюардесса**	[stjuardessa]
copiloto (m)	**штурман**	[ʃturman]
asas (f pl)	**қанот**	[qanot]
cauda (f)	**дум**	[dum]
cabine (f) de pilotagem	**кабина**	[kabina]
motor (m)	**муҳаррик**	[muharrik]
trem (m) de aterragem	**шассӣ**	[ʃassi:]
turbina (f)	**турбина**	[turbina]
hélice (f)	**пропеллер**	[propeller]
caixa-preta (f)	**қуттии сиёҳ**	[qutti:i sijɔh]
coluna (f) de controlo	**суккон**	[sukkon]
combustível (m)	**сӯзишворӣ**	[sœziʃvori:]
instruções (f pl) de segurança	**дастурамали бехатарӣ**	[dasturamali beχatari:]
máscara (f) de oxigénio	**ниқоби ҳавои тоза**	[niqobi havoi toza]
uniforme (m)	**либоси расмӣ**	[libosi rasmi:]
colete (m) salva-vidas	**камзӯли наҷотдиҳанда**	[kamzœli naʤotdihanda]
paraquedas (m)	**парашют**	[paraʃjut]
descolagem (f)	**парвоз**	[parvoz]
descolar (vi)	**парвоз кардан**	[parvoz kardan]
pista (f) de descolagem	**хати парвоз**	[χati parvoz]
visibilidade (f)	**софии ҳаво**	[sofi:i havo]
voo (m)	**парвоз**	[parvoz]
altura (f)	**баландӣ**	[balandi:]
poço (m) de ar	**чоҳи ҳаво**	[ʧohi havo]
assento (m)	**ҷой**	[ʤoj]
auscultadores (m pl)	**гӯшак, гӯшпӯшак**	[gœʃak], [gœʃpœʃak]
mesa (f) rebatível	**мизчаи вошаванда**	[mizʧai voʃavanda]
vigia (f)	**иллюминатор**	[illjuminator]
passagem (f)	**гузаргоҳ**	[guzargoh]

106. Comboio

comboio (m)	**поезд, қатор**	[poezd], [qator]
comboio (m) suburbano	**қатораи барқӣ**	[qatorai barqi:]
comboio (m) rápido	**қатораи тезгард**	[qatorai tezgard]
locomotiva (f) diesel	**тепловоз**	[teplovoz]
locomotiva (f) a vapor	**паровоз**	[parovoz]
carruagem (f)	**вагон**	[vagon]
carruagem restaurante (f)	**вагон-ресторан**	[vagon-restoran]
carris (m pl)	**релсҳо**	[relsho]
caminho de ferro (m)	**роҳи оҳан**	[rohi ohan]
travessa (f)	**шпала**	[ʃpala]
plataforma (f)	**платформа**	[platforma]
linha (f)	**роҳ**	[roh]
semáforo (m)	**семафор**	[semafor]
estação (f)	**истгоҳ**	[istgoh]
maquinista (m)	**мошинист**	[moʃinist]
bagageiro (m)	**ҳаммол**	[hammol]
hospedeiro, -a (da carruagem)	**роҳбалад**	[rohbalad]
passageiro (m)	**мусофир**	[musofir]
revisor (m)	**нозир**	[nozir]
corredor (m)	**коридор**	[koridor]
freio (m) de emergência	**стоп-кран**	[stop-kran]
compartimento (m)	**купе**	[kupe]
cama (f)	**кат**	[kat]
cama (f) de cima	**кати боло**	[kati bolo]
cama (f) de baixo	**кати поён**	[kati pojɔn]
roupa (f) de cama	**чилдҳои болишту бистар**	[ʤildhoi boliʃtu bistar]
bilhete (m)	**билет**	[bilet]
horário (m)	**ҷадвал**	[ʤadval]
painel (m) de informação	**ҷадвал**	[ʤadval]
partir (vt)	**дур шудан**	[dur ʃudan]
partida (f)	**равон кардан**	[ravon kardan]
chegar (vi)	**омадан**	[omadan]
chegada (f)	**омадан**	[omadan]
chegar de comboio	**бо қатора омадан**	[bo qatora omadan]
apanhar o comboio	**ба қатора нишастан**	[ba qatora niʃastan]
sair do comboio	**фаромадан**	[faromadan]
acidente (m) ferroviário	**садама**	[sadama]
descarrilar (vi)	**аз релс баромадан**	[az rels baromadan]
locomotiva (f) a vapor	**паровоз**	[parovoz]
fogueiro (m)	**алавмон**	[alavmon]
fornalha (f)	**оташдон**	[otaʃdon]
carvão (m)	**ангишт**	[angiʃt]

107. Barco

navio (m)	**киштӣ**	[kiʃti:]
embarcação (f)	**киштӣ**	[kiʃti:]
vapor (m)	**пароход**	[paroχod]
navio (m)	**теплоход**	[teploχod]
transatlântico (m)	**лайнер**	[lajner]
cruzador (m)	**крейсер**	[krejser]
iate (m)	**яхта**	[jaχta]
rebocador (m)	**таноби ядак**	[tanobi jadak]
barcaça (f)	**баржа**	[barʒa]
ferry (m)	**паром**	[parom]
veleiro (m)	**киштии бодбондор**	[kiʃti:i bodbondor]
bergantim (m)	**бригантина**	[brigantina]
quebra-gelo (m)	**киштии яхшикан**	[kiʃti:i jaχʃikan]
submarino (m)	**киштии зериобӣ**	[kiʃti:i zeriobi:]
bote, barco (m)	**қаиқ**	[qaiq]
bote, dingue (m)	**қаиқ**	[qaiq]
bote (m) salva-vidas	**завраҷи наҷот**	[zavraqi nadʒot]
lancha (f)	**катер**	[kater]
capitão (m)	**капитан**	[kapitan]
marinheiro (m)	**баҳрчӣ, маллоҳ**	[bahrtʃi:], [malloh]
marujo (m)	**баҳрчӣ**	[bahrtʃi:]
tripulação (f)	**экипаж**	[ɛkipaʒ]
contramestre (m)	**ботсман**	[botsman]
grumete (m)	**маллоҳбача**	[mallohbatʃa]
cozinheiro (m) de bordo	**кок, ошпази киштӣ**	[kok], [oʃpazi kiʃti:]
médico (m) de bordo	**духтури киштӣ**	[duχturi kiʃti:]
convés (m)	**саҳни киштӣ**	[sahni kiʃti:]
mastro (m)	**сутуни киштӣ**	[sutuni kiʃti:]
vela (f)	**бодбон**	[bodbon]
porão (m)	**таҳхонаи киштӣ**	[tahχonai kiʃti:]
proa (f)	**сари кишти**	[sari kiʃti]
popa (f)	**думи киштӣ**	[dumi kiʃti:]
remo (m)	**бели заврақ**	[beli zavraq]
hélice (f)	**винт**	[vint]
camarote (m)	**каюта**	[kajuta]
sala (f) dos oficiais	**кают-компания**	[kajut-kompanija]
sala (f) das máquinas	**шӯъбаи мошинҳо**	[ʃœ'bai moʃinho]
ponte (m) de comando	**арша**	[arʃa]
sala (f) de comunicações	**радиохона**	[radioχona]
onda (f) de rádio	**мавҷ**	[mavdʒ]
diário (m) de bordo	**журнали киштӣ**	[ʒurnali kiʃti:]
luneta (f)	**дурбин**	[durbin]
sino (m)	**ноқус, зангӯла**	[noqus], [zangœla]

bandeira (f)	**байрак**	[bajrak]
cabo (m)	**арғамчини ғафс**	[arʁamʧini ʁafs]
nó (m)	**гирех**	[gireh]
corrimão (m)	**даста барои қапидан**	[dasta baroi qapidan]
prancha (f) de embarque	**зинапоя**	[zinapoja]
âncora (f)	**лангар**	[langar]
recolher a âncora	**лангар бардоштан**	[langar bardoʃtan]
lançar a âncora	**лангар андохтан**	[langar andoχtan]
amarra (f)	**занҷири лангар**	[zanʤiri langar]
porto (m)	**бандар**	[bandar]
cais, amarradouro (m)	**ҷои киштибандӣ**	[ʤoi kiʃtibandi:]
atracar (vi)	**ба соҳил овардан**	[ba sohil ovardan]
desatracar (vi)	**ҳаракат кардан**	[harakat kardan]
viagem (f)	**саёҳат**	[sajɔhat]
cruzeiro (m)	**круиз**	[kruiz]
rumo (m), rota (f)	**самт**	[samt]
itinerário (m)	**маршрут**	[marʃrut]
canal (m) navegável	**маъбар**	[ma'bar]
banco (m) de areia	**тунукоба**	[tunukoba]
encalhar (vt)	**ба тунукоба шиштан**	[ba tunukoba ʃiʃtan]
tempestade (f)	**тӯфон, бӯрои**	[tœfon], [bœroi]
sinal (m)	**бонг, ишорат**	[bong], [iʃorat]
afundar-se (vr)	**ғарқ шудан**	[ʁark ʃudan]
Homem ao mar!	**Одам дар об!**	[odam dar ob]
SOS	**SOS**	[sos]
boia (f) salva-vidas	**чамбари наҷот**	[ʧambari naʤot]

108. Aeroporto

aeroporto (m)	**аэропорт**	[aɛroport]
avião (m)	**ҳавопаймо**	[havopajmo]
companhia (f) aérea	**ширкати ҳавопаймоӣ**	[ʃirkati havopajmoi:]
controlador (m) de tráfego aéreo	**диспечер**	[dispeʧer]
partida (f)	**парвоз**	[parvoz]
chegada (f)	**парида омадан**	[parida omadan]
chegar (~ de avião)	**парида омадан**	[parida omadan]
hora (f) de partida	**вақти паридан**	[vaqti paridan]
hora (f) de chegada	**вақти шиштан**	[vaqti ʃiʃtan]
estar atrasado	**боздоштан**	[bozdoʃtan]
atraso (m) de voo	**боздоштани парвоз**	[bozdoʃtani parvoz]
painel (m) de informação	**тахтаи ахборот**	[taχtai aχborot]
informação (f)	**ахборот**	[aχborot]
anunciar (vt)	**эълон кардан**	[ɛ'lon kardan]

voo (m)	**сафар, рейс**	[safar], [rejs]
alfândega (f)	**гумрукхона**	[gumrukχona]
funcionário (m) da alfândega	**гумрукчӣ**	[gumruktʃi:]
declaração (f) alfandegária	**декларатсияи гумрукӣ**	[deklaratsijai gumruki:]
preencher (vt)	**пур кардан**	[pur kardan]
preencher a declaração	**пур кардани декларатсия**	[pur kardani deklaratsija]
controlo (m) de passaportes	**назорати шиносснома**	[nazorati ʃinosnoma]
bagagem (f)	**бағоҷ, бор**	[baʁodʒ], [bor]
bagagem (f) de mão	**бори дастӣ**	[bori dasti:]
carrinho (m)	**аробаи боғочкашӣ**	[arobai boʁotʃkaʃi:]
aterragem (f)	**фуруд**	[furud]
pista (f) de aterragem	**хати нишаст**	[χati niʃast]
aterrar (vi)	**нишастан**	[niʃastan]
escada (f) de avião	**зинапояи киштӣ**	[zinapojai kiʃti:]
check-in (m)	**бақайдгирӣ**	[baqajdgiri:]
balcão (m) do check-in	**қатори бақайдгирӣ**	[qatori baqajdgiri:]
fazer o check-in	**қайд кунондан**	[qajd kunondan]
cartão (m) de embarque	**талони саворшавӣ**	[taloni savorʃavi:]
porta (f) de embarque	**баромадан**	[baromadan]
trânsito (m)	**транзит**	[tranzit]
esperar (vi, vt)	**поидан**	[poidan]
sala (f) de espera	**толори интизорӣ**	[tolori intizori:]
despedir-se de ...	**гусел кардан**	[gusel kardan]
despedir-se (vr)	**падруд гуфтан**	[padrud guftan]

Eventos

109. Férias. Evento

festa (f)	**ид, ҷашн**	[id], [ʤaʃn]
festa (f) nacional	**иди миллӣ**	[idi milli:]
feriado (m)	**рӯзи ид**	[rœzi id]
festejar (vt)	**ид кардан**	[id kardan]
evento (festa, etc.)	**воқеа, ҳодиса**	[voqea], [hodisa]
evento (banquete, etc.)	**чорабинӣ**	[ʧorabini:]
banquete (m)	**зиёфати бошукӯҳ**	[zijɔfati boʃukœh]
receção (f)	**қабул, зиёфат**	[qabul], [zijɔfat]
festim (m)	**базм**	[bazm]
aniversário (m)	**солгард, солагӣ**	[solgard], [solagi:]
jubileu (m)	**ҷашн**	[ʤaʃn]
celebrar (vt)	**ҷашн гирифтан**	[ʤaʃn giriftan]
Ano (m) Novo	**Соли Нав**	[soli nav]
Feliz Ano Novo!	**Соли нав муборак!**	[soli nav muborak]
Pai (m) Natal	**Бобои барфӣ**	[boboi barfi:]
Natal (m)	**Мавлуди Исо**	[mavludi iso]
Feliz Natal!	**Иди мавлуд муборак!**	[idi mavlud muborak]
árvore (f) de Natal	**арчаи солинавӣ**	[arʧai solinavi:]
fogo (m) de artifício	**салют**	[saljut]
boda (f)	**тӯй, тӯйи арӯсӣ**	[tœj], [tœji arœsi:]
noivo (m)	**домод, домодшаванда**	[domod], [domodʃavanda]
noiva (f)	**арӯс**	[arœs]
convidar (vt)	**даъват кардан**	[da'vat kardan]
convite (m)	**даъватнома**	[da'vatnoma]
convidado (m)	**меҳмон**	[mehmon]
visitar (vt)	**ба меҳмонӣ рафтан**	[ba mehmoni: raftan]
receber os hóspedes	**қабули меҳмонҳо**	[qabuli mehmonho]
presente (m)	**тӯҳфа**	[tœhfa]
oferecer (vt)	**бахшидан**	[baχʃidan]
receber presentes	**туҳфа гирифтан**	[tuhfa giriftan]
ramo (m) de flores	**дастаи гул**	[dastai gul]
felicitações (f pl)	**муборакбод**	[muborakbod]
felicitar (dar os parabéns)	**муборакбод гуфтан**	[muborakbod guftan]
cartão (m) de parabéns	**аткриткаи табрикӣ**	[atkritkai tabriki:]
enviar um postal	**фиристодани аткритка**	[firistodani atkritka]
receber um postal	**аткритка гирифтан**	[atkritka giriftan]

brinde (m)	**нӯшбод**	[nœʃbod]
oferecer (vt)	**зиёфат кардан**	[zijɔfat kardan]
champanhe (m)	**шампан**	[ʃampan]
divertir-se (vr)	**хурсандӣ кардан**	[χursandi: kardan]
diversão (f)	**шодӣ, хурсандӣ**	[ʃodi:], [χursandi:]
alegria (f)	**шодӣ**	[ʃodi:]
dança (f)	**ракс**	[raks]
dançar (vi)	**рақсидан**	[raqsidan]
valsa (f)	**валс**	[vals]
tango (m)	**танго**	[tango]

110. Funerais. Enterro

cemitério (m)	**гӯристон, қабристон**	[gœriston], [qabriston]
sepultura (f), túmulo (m)	**гӯр, кабр**	[gœr], [kabr]
cruz (f)	**салиб**	[salib]
lápide (f)	**санги қабр**	[sangi qabr]
cerca (f)	**панҷара**	[pandʒara]
capela (f)	**калисои хурд**	[kalisoi χurd]
morte (f)	**марг**	[marg]
morrer (vi)	**мурдан**	[murdan]
defunto (m)	**раҳматӣ**	[rahmati:]
luto (m)	**мотам**	[motam]
enterrar, sepultar (vt)	**гӯр кардан**	[gœr kardan]
agência (f) funerária	**бюрои дафнкунӣ**	[bjuroi dafnkuni:]
funeral (m)	**дафн, ҷаноза**	[dafn], [dʒanoza]
coroa (f) de flores	**гулчанбар**	[gultʃanbar]
caixão (m)	**тобут**	[tobut]
carro (m) funerário	**аробаи тобуткашӣ**	[arobai tobutkaʃi]
mortalha (f)	**кафан**	[kafan]
procissão (f) funerária	**ҷараёни дафнкунӣ**	[dʒarajɔni dafnkuni:]
urna (f) funerária	**зарфи хокистари мурдаи сӯзондашуда**	[zarfi χokistari murdai sœzondaʃuda]
crematório (m)	**хонаи мурдасӯзӣ**	[χonai murdasœzi:]
obituário (m), necrologia (f)	**таъзиянома**	[ta'zijanoma]
chorar (vi)	**гиря кардан**	[girja kardan]
soluçar (vi)	**нолидан**	[nolidan]

111. Guerra. Soldados

pelotão (m)	**взвод**	[vzvod]
companhia (f)	**рота**	[rota]
regimento (m)	**полк**	[polk]
exército (m)	**армия, қӯшун**	[armija], [qœʃun]

divisão (f)	**дивизия**	[divizija]
destacamento (m)	**даста**	[dasta]
hoste (f)	**қӯшун**	[qœʃun]
soldado (m)	**аскар**	[askar]
oficial (m)	**афсар**	[afsar]
soldado (m) raso	**аскари қаторӣ**	[askari qatori:]
sargento (m)	**сержант**	[serʒant]
tenente (m)	**лейтенант**	[lejtenant]
capitão (m)	**капитан**	[kapitan]
major (m)	**майор**	[majɔr]
coronel (m)	**полковник**	[polkovnik]
general (m)	**генерал**	[general]
marujo (m)	**баҳрчӣ**	[bahrʧi:]
capitão (m)	**капитан**	[kapitan]
contramestre (m)	**ботсман**	[botsman]
artilheiro (m)	**артиллерися**	[artillerisja]
soldado (m) paraquedista	**десантчӣ**	[desantʧi:]
piloto (m)	**лётчик**	[ljɔtʧik]
navegador (m)	**штурман**	[ʃturman]
mecânico (m)	**механик**	[meχanik]
sapador (m)	**сапёр**	[sapjɔr]
paraquedista (m)	**парашютчӣ**	[paraʃjutʧi:]
explorador (m)	**разведкачӣ**	[razvedkaʧi:]
franco-atirador (m)	**мерган**	[mergan]
patrulha (f)	**посбон**	[posbon]
patrulhar (vt)	**посбонӣ кардан**	[posboni: kardan]
sentinela (f)	**посбон**	[posbon]
guerreiro (m)	**ҷанговар, аскар**	[ʤangovar], [askar]
patriota (m)	**ватандӯст**	[vatandœst]
herói (m)	**қаҳрамон**	[qahramon]
heroína (f)	**қаҳрамонзан**	[qahramonzan]
traidor (m)	**хоин, хиёнаткор**	[χoin], [χijɔnatkor]
trair (vt)	**хиёнат кардан**	[χijɔnat kardan]
desertor (m)	**гуреза, фирорӣ**	[gureza], [firori:]
desertar (vt)	**фирор кардан**	[firor kardan]
mercenário (m)	**зархарид**	[zarχarid]
recruta (m)	**аскари нав**	[askari nav]
voluntário (m)	**довталаб**	[dovtalab]
morto (m)	**кушташуда**	[kuʃtaʃuda]
ferido (m)	**захмдор**	[zaχmdor]
prisioneiro (m) de guerra	**асир**	[asir]

112. Guerra. Ações militares. Parte 1

guerra (f)	**чанг**	[ʤang]
guerrear (vt)	**чангидан**	[ʤangidan]
guerra (f) civil	**чанги гражданӣ**	[ʤangi graʒdani:]
perfidamente	**аҳдшиканона**	[ahdʃikanona]
declaração (f) de guerra	**эълони чанг**	[ɛ'loni ʤang]
declarar (vt) guerra	**эълон кардан**	[ɛ'lon kardan]
agressão (f)	**таҷовуз, агрессия**	[taʤovuz], [agressija]
atacar (vt)	**ҳуҷум кардан**	[huʤum kardan]
invadir (vt)	**забт кардан**	[zabt kardan]
invasor (m)	**забткунанда**	[zabtkunanda]
conquistador (m)	**забткунанда**	[zabtkunanda]
defesa (f)	**мудофиа**	[mudofia]
defender (vt)	**мудофиа кардан**	[mudofia kardan]
defender-se (vr)	**худро мудофиа кардан**	[χudro mudofia kardan]
inimigo (m)	**душман**	[duʃman]
adversário (m)	**рақиб**	[raqib]
inimigo	**... и душман**	[i duʃman]
estratégia (f)	**стратегия**	[strategija]
tática (f)	**тактика**	[taktika]
ordem (f)	**фармон**	[farmon]
comando (m)	**фармон**	[farmon]
ordenar (vt)	**фармон додан**	[farmon dodan]
missão (f)	**супориш**	[suporiʃ]
secreto	**пинҳонӣ**	[pinhoni:]
batalha (f)	**чанг**	[ʤang]
combate (m)	**муҳориба**	[muhoriba]
ataque (m)	**ҳамла**	[hamla]
assalto (m)	**ҳуҷум**	[huʤum]
assaltar (vt)	**ҳуҷуми қатъӣ кардан**	[huʤumi qat'i: kardan]
assédio, sítio (m)	**муҳосира**	[muhosira]
ofensiva (f)	**ҳуҷум**	[huʤum]
passar à ofensiva	**ҳуҷум кардан**	[huʤum kardan]
retirada (f)	**ақибнишинӣ**	[aqibniʃini:]
retirar-se (vr)	**ақиб гаштан**	[aqib gaʃtan]
cerco (m)	**муҳосира, иҳота**	[muhosira], [ihota]
cercar (vt)	**муҳосира кардан**	[muhosira kardan]
bombardeio (m)	**бомбаандозӣ**	[bombaandozi:]
lançar uma bomba	**бомба партофтан**	[bomba partoftan]
bombardear (vt)	**бомбаборон кардан**	[bombaboron kardan]
explosão (f)	**таркиш, таркидан**	[tarkiʃ], [tarkidan]
tiro (m)	**тир, тирпарронӣ**	[tir], [tirparroni:]

disparar um tiro	тир паррондан	[tir parrondan]
tiroteio (m)	тирпарронӣ	[tirparroni:]

apontar para ...	нишон гирифтан	[niʃon giriftan]
apontar (vt)	рост кардан	[rost kardan]
acertar (vt)	задан	[zadan]

afundar (um navio)	ғарқ кардан	[ʁarq kardan]
brecha (f)	сӯрох	[sœroχ]
afundar-se (vr)	ғарқ шудан	[ʁarq ʃudan]

frente (m)	фронт, ҷабха	[front], [dʒabχa]
evacuação (f)	тахлия	[taχlija]
evacuar (vt)	тахлия кардан	[taχlija kardan]

trincheira (f)	хандақ	[χandaq]
arame (m) farpado	симхор	[simχor]
obstáculo (m) anticarro	садд	[sadd]
torre (f) de vigia	бурҷи дидбонӣ	[burtʃi didboni:]

hospital (m)	беморхонаи ҳарбӣ	[bemorχonai harbi:]
ferir (vt)	захмдор кардан	[zaχmdor kardan]
ferida (f)	захм, реш	[zaχm], [reʃ]
ferido (m)	захмдор	[zaχmdor]
ficar ferido	захм бардоштан	[zaχm bardoʃtan]
grave (ferida ~)	вазнин	[vaznin]

113. Guerra. Ações militares. Parte 2

cativeiro (m)	асирӣ	[asiri:]
capturar (vt)	асир гирифтан	[asir giriftan]
estar em cativeiro	дар асирӣ будан	[dar asiri: budan]
ser aprisionado	асир афтидан	[asir aftidan]

campo (m) de concentração	лагери консентратсионӣ	[lageri konsentratsioni:]
prisioneiro (m) de guerra	асир	[asir]
escapar (vi)	гурехтан	[gureχtan]

trair (vt)	хиёнат кардан	[χijɔnat kardan]
traidor (m)	хоин, хиёнаткор	[χoin], [χijɔnatkor]
traição (f)	хиёнат, хоинӣ	[χijɔnat], [χoini:]

fuzilar, executar (vt)	тирборон кардан	[tirboron kardan]
fuzilamento (m)	тирборон	[tirboron]

equipamento (m)	либоси ҳарбӣ	[libosi harbi:]
platina (f)	пагон	[pagon]
máscara (f) antigás	ниқоби зидди газ	[niqobi ziddi gaz]

rádio (m)	ратсия	[ratsija]
cifra (f), código (m)	рамз	[ramz]
conspiração (f)	пинҳонкунӣ	[pinhonkuni:]
senha (f)	рамз	[ramz]
mina (f)	мина	[mina]

minar (vt)	**мина гузоштан**	[mina guzoʃtan]
campo (m) minado	**майдони минадор**	[majdoni minador]
alarme (m) aéreo	**бонги хатари ҳавоӣ**	[bongi χatari havoi:]
alarme (m)	**бонги хатар**	[bongi χatar]
sinal (m)	**бонг, ишорат**	[bong], [iʃorat]
sinalizador (m)	**ракетаи хабардиҳанда**	[raketai χabardihanda]
estado-maior (m)	**штаб**	[ʃtab]
reconhecimento (m)	**разведкачиён**	[razvedkaʧijɔn]
situação (f)	**вазъият**	[vaz'ijat]
relatório (m)	**гузориш, рапорт**	[guzoriʃ], [raport]
emboscada (f)	**камин**	[kamin]
reforço (m)	**мадади ҳарбӣ**	[madadi harbi:]
alvo (m)	**ҳадаф, нишон**	[hadaf], [niʃon]
campo (m) de tiro	**майдони тирандозӣ**	[majdoni tirandozi:]
manobras (f pl)	**манёвр**	[manjɔvr]
pânico (m)	**воҳима**	[vohima]
devastação (f)	**хародӣ**	[χarodi:]
ruínas (f pl)	**харобазор**	[χarobazor]
destruir (vt)	**харод кардан**	[χarod kardan]
sobreviver (vi)	**зинда мондан**	[zinda mondan]
desarmar (vt)	**беярок кардан**	[bejarok kardan]
manusear (vt)	**кор фармудан**	[kor farmudan]
Firmes!	**Ором!**	[orom]
Descansar!	**Озод!**	[ozod]
façanha (f)	**корнома**	[kornoma]
juramento (m)	**қасам**	[qasam]
jurar (vi)	**қасам хурдан**	[qasam χurdan]
condecoração (f)	**мукофот**	[mukofot]
condecorar (vt)	**мукофот додан**	[mukofot dodan]
medalha (f)	**медал**	[medal]
ordem (f)	**орден, нишон**	[orden], [niʃon]
vitória (f)	**ғалаба**	[ʁalaba]
derrota (f)	**шикаст хӯрдан**	[ʃikast χœrdan]
armistício (m)	**сулҳи муваққати**	[sulhi muvakqati]
bandeira (f)	**байрақ**	[bajraq]
glória (f)	**шараф, шӯҳрат**	[ʃaraf], [ʃœhrat]
desfile (m) militar	**расмигузашт**	[rasmiguzaʃt]
marchar (vi)	**қадамзании низомӣ**	[qadamzani:i nizomi:]

114. Armas

arma (f)	**ярок, силоҳ**	[jaroq], [siloh]
arma (f) de fogo	**аслиҳаи оташфишон**	[aslihai otaʃfiʃon]
arma (f) branca	**яроқи беоташ**	[jaroqi beotaʃ]

arma (f) química	**силоҳи химиявӣ**	[silohi χimijavi:]
nuclear	**... и ядро, ядрой**	[i jadro], [jadroi:]
arma (f) nuclear	**аслиҳаи ядрой**	[aslihai jadroi:]
bomba (f)	**бомба**	[bomba]
bomba (f) atómica	**бомбаи атомӣ**	[bombai atomi:]
pistola (f)	**тапонча**	[tapontʃa]
caçadeira (f)	**милтиқ**	[miltiq]
pistola-metralhadora (f)	**автомат**	[avtomat]
metralhadora (f)	**пулемёт**	[pulemjɔt]
boca (f)	**даҳони мил**	[dahoni mil]
cano (m)	**мил**	[mil]
calibre (m)	**калибр**	[kalibr]
gatilho (m)	**куланги силоҳи отаашфишон**	[kulangi silohi otaʃfiʃon]
mira (f)	**нишон**	[niʃon]
carregador (m)	**тирдон**	[tirdon]
coronha (f)	**қундоқ**	[qundoq]
granada (f) de mão	**гранатаи дастӣ**	[granatai dasti:]
explosivo (m)	**моддаи тарканда**	[moddai tarkanda]
bala (f)	**тир**	[tir]
cartucho (m)	**тир**	[tir]
carga (f)	**заряд**	[zarjad]
munições (f pl)	**лавозимоти ҷангӣ**	[lavozimoti ʤangi:]
bombardeiro (m)	**самолёти бомбаандоз**	[samoljɔti bombaandoz]
avião (m) de caça	**қиркунанда**	[qirkunanda]
helicóptero (m)	**вертолёт**	[vertoljɔt]
canhão (m) antiaéreo	**тӯпи зенитӣ**	[tœpi zeniti:]
tanque (m)	**танк**	[tank]
canhão (de um tanque)	**тӯп**	[tœp]
artilharia (f)	**артиллерия**	[artillerija]
canhão (m)	**тӯп**	[tœp]
fazer a pontaria	**рост кардан**	[rost kardan]
obus (m)	**тир, тири тӯп**	[tir], [tiri tœp]
granada (f) de morteiro	**минаи миномёт**	[minai minomjɔt]
morteiro (m)	**миномёт**	[minomjɔt]
estilhaço (m)	**тикка**	[tikka]
submarino (m)	**киштии зериобӣ**	[kiʃti:i zeriobi:]
torpedo (m)	**торпеда**	[torpeda]
míssil (m)	**ракета**	[raketa]
carregar (uma arma)	**тир пур кардан**	[tir pur kardan]
atirar, disparar (vi)	**тир задан**	[tir zadan]
apontar para ...	**нишон гирифтан**	[niʃon giriftan]
baioneta (f)	**найза**	[najza]
espada (f)	**шамшер**	[ʃamʃer]

sabre (m)	**шамшер, шоф**	[ʃamʃer], [ʃof]
lança (f)	**найза**	[najza]
arco (m)	**камон**	[kamon]
flecha (f)	**тир**	[tir]
mosquete (m)	**туфанг**	[tufang]
besta (f)	**камон, камонғӯлак**	[kamon], [kamonʁœlak]

115. Povos da antiguidade

primitivo	**ибтидоӣ**	[ibtidoi:]
pré-histórico	**пеш аз таърих**	[peʃ az ta'riχ]
antigo	**қадим**	[qadim]
Idade (f) da Pedra	**Асри сангин**	[asri sangin]
Idade (f) do Bronze	**Давраи биринҷӣ**	[davrai birindʒi:]
período (m) glacial	**Давраи яхбандӣ**	[davrai jaχbandi:]
tribo (f)	**қабила**	[qabila]
canibal (m)	**одамхӯр**	[odamχœr]
caçador (m)	**шикорчӣ**	[ʃikortʃi:]
caçar (vi)	**шикор кардан**	[ʃikor kardan]
mamute (m)	**мамонт**	[mamont]
caverna (f)	**ғор**	[ʁor]
fogo (m)	**оташ**	[otaʃ]
fogueira (f)	**гулхан**	[gulχan]
pintura (f) rupestre	**нақшҳои рӯйи санг**	[naqʃhoi rœji sang]
ferramenta (f)	**олати меҳнат**	[olati mehnat]
lança (f)	**найза**	[najza]
machado (m) de pedra	**табари сангин**	[tabari sangin]
guerrear (vt)	**ҷангидан**	[dʒangidan]
domesticar (vt)	**дастомӯз кардан**	[dastomœz kardan]
ídolo (m)	**бут, санам**	[but], [sanam]
adorar, venerar (vt)	**парастидан**	[parastidan]
superstição (f)	**хурофот**	[χurofot]
ritual (m)	**расм, маросим**	[rasm], [marosim]
evolução (f)	**таҳаввул**	[tahavvul]
desenvolvimento (m)	**пешравӣ**	[peʃravi:]
desaparecimento (m)	**нест шудан**	[nest ʃudan]
adaptar-se (vr)	**мувофиқат кардан**	[muvofiqat kardan]
arqueologia (f)	**археология**	[arχeologija]
arqueólogo (m)	**археолог**	[arχeolog]
arqueológico	**археологӣ**	[arχeologi:]
local (m) das escavações	**ҳафриёт**	[hafrijɔt]
escavações (f pl)	**ҳафриёт**	[hafrijɔt]
achado (m)	**бозёфт**	[bozjɔft]
fragmento (m)	**порча**	[portʃa]

116. Idade média

povo (m)	**халқ**	[χalq]
povos (m pl)	**халқҳо**	[χalqho]
tribo (f)	**қабила**	[qabila]
tribos (f pl)	**қабилаҳо**	[qabilaho]
bárbaros (m pl)	**барбарҳо**	[barbarho]
gauleses (m pl)	**галлҳо**	[gallho]
godos (m pl)	**готҳо**	[gotho]
eslavos (m pl)	**сақлоб**	[saqlob]
víquingues (m pl)	**викингҳо**	[vikingho]
romanos (m pl)	**румиҳо**	[rumiho]
romano	**... и Рим, римӣ**	[i rim], [rimi:]
bizantinos (m pl)	**византиягиҳо**	[vizantijagiho]
Bizâncio	**Византия**	[vizantija]
bizantino	**византиягӣ**	[vizantijagi:]
imperador (m)	**император**	[imperator]
líder (m)	**пешво, роҳбар**	[peʃvo], [rohbar]
poderoso	**тавоно**	[tavono]
rei (m)	**шоҳ**	[ʃoh]
governante (m)	**ҳукмдор**	[hukmdor]
cavaleiro (m)	**баҳодур**	[bahodur]
senhor feudal (m)	**феодал**	[feodal]
feudal	**феодалӣ**	[feodali:]
vassalo (m)	**вассал**	[vassal]
duque (m)	**гертсог**	[gertsog]
conde (m)	**граф**	[graf]
barão (m)	**барон**	[baron]
bispo (m)	**епископ**	[episkop]
armadura (f)	**либосу аслиҳаи ҷангӣ**	[libosu aslihai ʧangi:]
escudo (m)	**сипар**	[sipar]
espada (f)	**шамшер**	[ʃamʃer]
viseira (f)	**рӯйпӯши тоскулоҳ**	[rœjpœʃi toskuloh]
cota (f) de malha	**зиреҳ**	[zireh]
cruzada (f)	**юриши салибдорон**	[juriʃi salibdoron]
cruzado (m)	**салибдор**	[salibdor]
território (m)	**хок**	[χok]
atacar (vt)	**ҳуҷум кардан**	[huʤum kardan]
conquistar (vt)	**забт кардан**	[zabt kardan]
ocupar, invadir (vt)	**ғасб кардан**	[ʁasb kardan]
assédio, sítio (m)	**муҳосира**	[muhosira]
sitiado	**муҳосирашуда**	[muhosiraʃuda]
assediar, sitiar (vt)	**муҳосира кардан**	[muhosira kardan]
inquisição (f)	**инквизитсия**	[inkvizitsija]
inquisidor (m)	**инквизитор**	[inkvizitor]

tortura (f)	шиканҷа	[ʃikandʒa]
cruel	бераҳм	[berahm]
herege (m)	бидъаткор	[bid'atkor]
heresia (f)	бидъат	[bid'at]
navegação (f) marítima	баҳрнавардӣ	[bahrnavardi:]
pirata (m)	роҳзани баҳрӣ	[rohzani bahri:]
pirataria (f)	роҳзании баҳрӣ	[rohzani:i bahri:]
abordagem (f)	абордаж	[abordaʒ]
presa (f), butim (m)	сайд, ғанимат	[sajd], [ʁanimat]
tesouros (m pl)	ганҷ	[gandʒ]
descobrimento (m)	кашф	[kaʃf]
descobrir (novas terras)	кашф кардан	[kaʃf kardan]
expedição (f)	экспедитсия	[ɛkspeditsija]
mosqueteiro (m)	туфангдор	[tufangdor]
cardeal (m)	кардинал	[kardinal]
heráldica (f)	гербшиносӣ	[gerbʃinosi:]
heráldico	... и гербшиносӣ	[i gerbʃinosi:]

117. Líder. Chefe. Autoridades

rei (m)	шоҳ	[ʃoh]
rainha (f)	малика	[malika]
real	шоҳӣ, ... и шоҳ	[ʃohi:], [i ʃoh]
reino (m)	шоҳигарӣ	[ʃohigari:]
príncipe (m)	шоҳзода	[ʃohzoda]
princesa (f)	шоҳдухтар	[ʃohduχtar]
presidente (m)	президент	[prezident]
vice-presidente (m)	ноиб-президент	[noib-prezident]
senador (m)	сенатор	[senator]
monarca (m)	монарх, подшоҳ	[monarχ], [podʃoh]
governante (m)	ҳукмдор	[hukmdor]
ditador (m)	ҳукмфармо	[hukmfarmo]
tirano (m)	мустабид	[mustabid]
magnata (m)	магнат	[magnat]
diretor (m)	директор, мудир	[direktor], [mudir]
chefe (m)	сардор	[sardor]
dirigente (m)	идоракунанда	[idorakunanda]
patrão (m)	хӯҷаин, саркор	[χœdʒain], [sarkor]
dono (m)	соҳиб, хӯҷаин	[sohib], [χœdʒain]
líder, chefe (m)	сарвар, роҳбар	[sarvar], [rohbar]
chefe (~ de delegação)	сардор	[sardor]
autoridades (f pl)	ҳукумат	[hukumat]
superiores (m pl)	сардорон	[sardoron]
governador (m)	губернатор	[gubernator]
cônsul (m)	консул	[konsul]

diplomata (m)	**дипломат**	[diplomat]
Presidente (m) da Câmara	**мир**	[mir]
xerife (m)	**шериф**	[ʃerif]
imperador (m)	**император**	[imperator]
czar (m)	**шоҳ**	[ʃoh]
faraó (m)	**фиръавн**	[fir'avn]
cã (m)	**хон**	[χon]

118. Viloação da lei. Criminosos. Parte 1

bandido (m)	**роҳзан**	[rohzan]
crime (m)	**ҷиноят**	[ʤinojat]
criminoso (m)	**ҷинояткор**	[ʤinojatkor]
ladrão (m)	**дузд**	[duzd]
roubar (vt)	**дуздидан**	[duzdidan]
furto (m)	**дуздӣ**	[duzdi:]
furto (m)	**ғорат**	[ʁorat]
raptar (ex. ~ uma criança)	**дуздидан**	[duzdidan]
rapto (m)	**одамдуздӣ**	[odamduzdi:]
raptor (m)	**одамдузд**	[odamduzd]
resgate (m)	**фидия**	[fidija]
pedir resgate	**фидия талаб кардан**	[fidija talab kardan]
roubar (vt)	**ғорат кардан**	[ʁorat kardan]
assalto, roubo (m)	**ғорат**	[ʁorat]
assaltante (m)	**ғоратгар**	[ʁoratgar]
extorquir (vt)	**тамаъ ҷустан**	[tama' ʤustan]
extorsionário (m)	**тамаъкор**	[tama'kor]
extorsão (f)	**тамаъҷӯӣ**	[tama'ʤœi:]
matar, assassinar (vt)	**куштан**	[kuʃtan]
homicídio (m)	**қатл, куштор**	[qatl], [kuʃtor]
homicida, assassino (m)	**кушанда**	[kuʃanda]
tiro (m)	**тир, тирпарронӣ**	[tir], [tirparroni:]
dar um tiro	**тир паррондан**	[tir parrondan]
matar a tiro	**паррондан**	[parrondan]
atirar, disparar (vi)	**тир задан**	[tir zadan]
tiroteio (m)	**тирандозӣ**	[tirandozi:]
incidente (m)	**ҳодиса**	[hodisa]
briga (~ de rua)	**занозанӣ**	[zanozani:]
Socorro!	**Ёри диҳед!**	[jɔri dihed]
vítima (f)	**қурбонӣ, қурбон**	[qurboni:], [qurbon]
danificar (vt)	**осеб расонидан**	[oseb rasonidan]
dano (m)	**зарар**	[zarar]
cadáver (m)	**ҷасад**	[ʤasad]
grave	**вазнин**	[vaznin]

atacar (vt)	**ҳуҷум кардан**	[hudʒum kardan]
bater (espancar)	**задан**	[zadan]
espancar (vt)	**лату кӯб кардан**	[latu kœb kardan]
tirar, roubar (dinheiro)	**кашида гирифтан**	[kaʃida giriftan]
esfaquear (vt)	**сар буридан**	[sar buridan]
mutilar (vt)	**маъюб кардан**	[ma'jub kardan]
ferir (vt)	**захмдор кардан**	[zaχmdor kardan]
chantagem (f)	**таҳдид**	[tahdid]
chantagear (vt)	**таҳдид кардан**	[tahdid kardan]
chantagista (m)	**таҳдидгар**	[tahdidgar]
extorsão (em troca de proteção)	**рэкет**	[rɛket]
extorsionário (m)	**рэкетчӣ**	[rɛkettʃi:]
gângster (m)	**роҳзан, ғоратгар**	[rohzan], [ʁoratgar]
máfia (f)	**мафия**	[mafija]
carteirista (m)	**кисабур**	[kisabur]
assaltante, ladrão (m)	**дузди қулфшикан**	[duzdi qulfʃikan]
contrabando (m)	**қочоқчигӣ**	[qotʃoqtʃigi:]
contrabandista (m)	**қочоқчӣ**	[qotʃoqtʃi:]
falsificação (f)	**сохтакорӣ**	[soχtakori:]
falsificar (vt)	**сохтакорӣ кардан**	[soχtakori: kardan]
falsificado	**қалбакӣ**	[qalbaqi:]

119. Viloação da lei. Criminosos. Parte 2

violação (f)	**таҷовуз ба номус**	[tadʒovuz ba nomus]
violar (vt)	**ба номус таҷовуз кардан**	[ba nomus tadʒovuz kardan]
violador (m)	**зӯрикунанда**	[zœrikunanda]
maníaco (m)	**васвосӣ, савдоӣ**	[vasvosi:], [savdoi:]
prostituta (f)	**фоҳиша**	[fohiʃa]
prostituição (f)	**фоҳишагӣ**	[fohiʃagi:]
chulo (m)	**занҷаллоб**	[zandʒallob]
toxicodependente (m)	**нашъаманд**	[naʃamand]
traficante (m)	**нашъаҷаллоб**	[naʃadʒallob]
explodir (vt)	**таркондан**	[tarkondan]
explosão (f)	**таркиш, таркидан**	[tarkiʃ], [tarkidan]
incendiar (vt)	**оташ задан**	[otaʃ zadan]
incendiário (m)	**оташзананда**	[otaʃzananda]
terrorismo (m)	**терроризм**	[terrorizm]
terrorista (m)	**террорчӣ**	[terrortʃi:]
refém (m)	**шахси гаравӣ, гаравгон**	[ʃaχsi garavi:], [garavgon]
enganar (vt)	**фиреб додан, фирефтан**	[fireb dodan], [fireftan]
engano (m)	**фиреб**	[fireb]
vigarista (m)	**фиребгар**	[firebgar]
subornar (vt)	**пора додан**	[pora dodan]

suborno (atividade)	**пора додан**	[pora dodan]
suborno (dinheiro)	**пора, ришва**	[pora], [riʃva]
veneno (m)	**заҳр**	[zahr]
envenenar (vt)	**заҳр додан**	[zahr dodan]
envenenar-se (vr)	**заҳр хӯрдан**	[zahr χœrdan]
suicídio (m)	**худкушӣ**	[χudkuʃi:]
suicida (m)	**худкуш**	[χudkuʃ]
ameaçar (vt)	**дӯғ задан**	[dœʁ zadan]
ameaça (f)	**дӯғ, пӯписа**	[dœʁ], [pœpisa]
atentar contra a vida de ...	**суиқасд кардан**	[suiqasd kardan]
atentado (m)	**суиқасд**	[suiqasd]
roubar (o carro)	**дуздидан**	[duzdidan]
desviar (o avião)	**дуздидан**	[duzdidan]
vingança (f)	**интиқом**	[intiqom]
vingar (vt)	**интиқом гирифтан**	[intiqom giriftan]
torturar (vt)	**шиканҷа кардан**	[ʃikandʒa kardan]
tortura (f)	**шиканҷа**	[ʃikandʒa]
atormentar (vt)	**азоб додан**	[azob dodan]
pirata (m)	**роҳзани баҳрӣ**	[rohzani bahri:]
desordeiro (m)	**бадахлоқ**	[badaχloq]
armado	**мусаллаҳ**	[musallah]
violência (f)	**таҷовуз**	[tadʒovuz]
ilegal	**ғайрилегалӣ**	[ʁajrilegali:]
espionagem (f)	**ҷосусӣ**	[dʒosusi:]
espionar (vi)	**ҷосусӣ кардан**	[dʒosusi: kardan]

120. Polícia. Lei. Parte 1

justiça (f)	**адлия**	[adlija]
tribunal (m)	**суд**	[sud]
juiz (m)	**довар**	[dovar]
jurados (m pl)	**суди халқӣ**	[sudi χalqi:]
tribunal (m) do júri	**суди касамиён**	[sudi kasamijɔn]
julgar (vt)	**суд кардан**	[sud kardan]
advogado (m)	**адвокат, ҳимоягар**	[advokat], [himojagar]
réu (m)	**айбдор**	[ajbdor]
banco (m) dos réus	**курсии судшаванда**	[kursi:i sudʃavanda]
acusação (f)	**айбдоркунӣ**	[ajbdorkuni:]
acusado (m)	**айбдоршаванда**	[ajbdorʃavanda]
sentença (f)	**ҳукм, ҳукмнома**	[hukm], [hukmnoma]
sentenciar (vt)	**ҳукм кардан**	[hukm kardan]
culpado (m)	**гунаҳкор, айбдор**	[gunahkor], [ajbdor]

punir (vt)	**ҷазо додан**	[ʤazo dodan]
punição (f)	**ҷазо**	[ʤazo]
multa (f)	**ҷарима**	[ʤarima]
prisão (f) perpétua	**ҳабси якумрӣ**	[habsi jakumri:]
pena (f) de morte	**ҷазои қатл**	[ʤazoi qatl]
cadeira (f) elétrica	**курсии барқӣ**	[kursi:i barqi:]
forca (f)	**дор**	[dor]
executar (vt)	**қатл кардан**	[qatl kardan]
execução (f)	**ҳукми куш**	[hukmi kuʃ]
prisão (f)	**маҳбас**	[mahbas]
cela (f) de prisão	**камера**	[kamera]
escolta (f)	**қаравулон**	[qaravulon]
guarda (m) prisional	**назоратчии ҳабсхона**	[nazoratʧi:i habsχona]
preso (m)	**маҳбус**	[mahbus]
algemas (f pl)	**дастбанд**	[dastband]
algemar (vt)	**ба даст кишан андохтан**	[ba dast kiʃan andoχtan]
fuga, evasão (f)	**гурез**	[gurez]
fugir (vi)	**гурехтан**	[gureχtan]
desaparecer (vi)	**гум шудан**	[gum ʃudan]
soltar, libertar (vt)	**озод кардан**	[ozod kardan]
amnistia (f)	**амнистия, афви умумӣ**	[amnistija], [afvi umumi:]
polícia (instituição)	**полис**	[polis]
polícia (m)	**полис**	[polis]
esquadra (f) de polícia	**милисахона**	[milisaχona]
cassetete (m)	**чӯбдасти резинӣ**	[ʧœbdasti rezini:]
megafone (m)	**баландгӯяк**	[balandgœjak]
carro (m) de patrulha	**мошини дидбонӣ**	[moʃini didboni:]
sirene (f)	**бурғу**	[burʁu]
ligar a sirene	**даргиронидани сирена**	[dargironidani sirena]
toque (m) da sirene	**ҳуввоси сирена**	[huvvosi sirena]
cena (f) do crime	**ҷойи ҷиноят**	[ʤoji ʤinojat]
testemunha (f)	**шоҳид**	[ʃohid]
liberdade (f)	**озодӣ**	[ozodi:]
cúmplice (m)	**шарик**	[ʃarik]
escapar (vi)	**панoҳ шудан**	[panoh ʃudan]
traço (não deixar ~s)	**пай**	[paj]

121. Polícia. Lei. Parte 2

procura (f)	**ҷустуҷӯ**	[ʤustuʤœ]
procurar (vt)	**ҷустуҷӯ кардан**	[ʤustuʤœ kardan]
suspeita (f)	**шубҳа**	[ʃubha]
suspeito	**шубҳанок**	[ʃubhanok]
parar (vt)	**нигоҳ доштан**	[nigoh doʃtan]
deter (vt)	**дастгир кардан**	[dastgir kardan]

caso (criminal)	**кори ҷиноятӣ**	[kori dʒinojati:]
investigação (f)	**тафтиш**	[taftiʃ]
detetive (m)	**муфаттиши махфӣ**	[mufattiʃi maχfi:]
investigador (m)	**муфаттиш**	[mufattiʃ]
versão (f)	**версия**	[versija]
motivo (m)	**ангеза**	[angeza]
interrogatório (m)	**истинток кардан**	[istintok kardan]
interrogar (vt)	**истинток**	[istintok]
questionar (vt)	**райпурсӣ кардан**	[rajpursi: kardan]
verificação (f)	**тафтиш**	[taftiʃ]
batida (f) policial	**муҳосира,иҳота**	[muhosira,ihota]
busca (f)	**кофтуков**	[koftukov]
perseguição (f)	**таъқиб**	[ta'qib]
perseguir (vt)	**таъқиб кардан**	[ta'qib kardan]
seguir (vt)	**поидан**	[poidan]
prisão (f)	**ҳабс**	[habs]
prender (vt)	**ҳабс кардан**	[habs kardan]
pegar, capturar (vt)	**дастгир кардан**	[dastgir kardan]
captura (f)	**дастгир карданӣ**	[dastgir kardani:]
documento (m)	**ҳуҷҷат, санад**	[hudʒdʒat], [sanad]
prova (f)	**исбот**	[isbot]
provar (vt)	**исбот кардан**	[isbot kardan]
pegada (f)	**из, пай**	[iz], [paj]
impressões (f pl) digitais	**нақши ангуштон**	[naqʃi anguʃton]
prova (f)	**далел**	[dalel]
álibi (m)	**алиби**	[alibi]
inocente	**бегуноҳ, беайб**	[begunoh], [beajb]
injustiça (f)	**беадолатӣ**	[beadolati:]
injusto	**беинсоф**	[beinsof]
criminal	**ҷиноятӣ**	[dʒinojati:]
confiscar (vt)	**мусодира кардан**	[musodira kardan]
droga (f)	**маводи нашъадор**	[mavodi naʃ'ador]
arma (f)	**ярок**	[jaroq]
desarmar (vt)	**беярок кардан**	[bejarok kardan]
ordenar (vt)	**фармон додан**	[farmon dodan]
desaparecer (vi)	**гум шудан**	[gum ʃudan]
lei (f)	**қонун**	[qonun]
legal	**конунӣ, ... и конун**	[konuni:], [i konun]
ilegal	**ғайриқонунӣ**	[ʁajriqonuni:]
responsabilidade (f)	**ҷавобгарӣ**	[dʒavobgari:]
responsável	**ҷавобгар**	[dʒavobgar]

NATUREZA

A Terra. Parte 1

122. Espaço sideral

cosmos (m)	**кайҳон**	[kajhon]
cósmico	**... и кайҳон**	[i kajhon]
espaço (m) cósmico	**фазои кайҳон**	[fazoi kajhon]
mundo (m)	**ҷаҳон**	[ʤahon]
universo (m)	**коинот**	[koinot]
galáxia (f)	**галактика**	[galaktika]
estrela (f)	**ситора**	[sitora]
constelação (f)	**бурҷ**	[burʤ]
planeta (m)	**сайёра**	[sajjɔra]
satélite (m)	**радиф**	[radif]
meteorito (m)	**метеорит, шиҳобпора**	[meteorit], [ʃihobpora]
cometa (m)	**ситораи думдор**	[sitorai dumdor]
asteroide (m)	**астероид**	[asteroid]
órbita (f)	**мадор**	[mador]
girar (vi)	**давр задан**	[davr zadan]
atmosfera (f)	**атмосфера**	[atmosfera]
Sol (m)	**Офтоб**	[oftob]
Sistema (m) Solar	**манзумаи шамсӣ**	[manzumai ʃamsi:]
eclipse (m) solar	**гирифтани офтоб**	[giriftani oftob]
Terra (f)	**Замин**	[zamin]
Lua (f)	**Моҳ**	[moh]
Marte (m)	**Миррих**	[mirriχ]
Vénus (f)	**Зӯҳра, Ноҳид**	[zœhra], [nohid]
Júpiter (m)	**Муштарӣ**	[muʃtari:]
Saturno (m)	**Кайвон**	[kajvon]
Mercúrio (m)	**Уторид**	[utorid]
Urano (m)	**Уран**	[uran]
Neptuno (m)	**Нептун**	[neptun]
Plutão (m)	**Плутон**	[pluton]
Via Láctea (f)	**Роҳи Каҳкашон**	[rohi kahkaʃon]
Ursa Maior (f)	**Дубби Акбар**	[dubbi akbar]
Estrela Polar (f)	**Ситораи қутбӣ**	[sitorai qutbi:]
marciano (m)	**миррихӣ**	[mirriχi:]
extraterrestre (m)	**инопланетянҳо**	[inoplanetjanho]

alienígena (m)	махлуқи кайҳонӣ	[maχluqi: kajhoni:]
disco (m) voador	табақи парвозкунанда	[tabaqi parvozkunanda]
nave (f) espacial	киштии кайҳонӣ	[kiʃti:i kajhoni:]
estação (f) orbital	стантсияи мадорӣ	[stantsijai madori:]
lançamento (m)	оғоз	[oʁoz]
motor (m)	муҳаррик	[muharrik]
bocal (m)	сопло	[soplo]
combustível (m)	сӯзишворӣ	[sœziʃvori:]
cabine (f)	кабина	[kabina]
antena (f)	антенна	[antenna]
vigia (f)	иллюминатор	[illjuminator]
bateria (f) solar	батареи офтобӣ	[batarei oftobi:]
traje (m) espacial	скафандр	[skafandr]
imponderabilidade (f)	бевазнӣ	[bevazni:]
oxigénio (m)	оксиген	[oksigen]
acoplagem (f)	пайваст	[pajvast]
fazer uma acoplagem	пайваст кардан	[pajvast kardan]
observatório (m)	расадхона	[rasadχona]
telescópio (m)	телескоп	[teleskop]
observar (vt)	мушоҳида кардан	[muʃohida kardan]
explorar (vt)	таҳқиқ кардан	[tahqiq kardan]

123. A Terra

Terra (f)	Замин	[zamin]
globo terrestre (Terra)	кураи замин	[kurai zamin]
planeta (m)	сайёра	[sajjɔra]
atmosfera (f)	атмосфера	[atmosfera]
geografia (f)	география	[geografija]
natureza (f)	табиат	[tabiat]
globo (mapa esférico)	глобус	[globus]
mapa (m)	харита	[χarita]
atlas (m)	атлас	[atlas]
Ásia (f)	Осиё	[osijɔ]
África (f)	Африқо	[afriqo]
Austrália (f)	Австралия	[avstralija]
América (f)	Америка	[amerika]
América (f) do Norte	Америкаи Шимолӣ	[amerikai ʃimoli:]
América (f) do Sul	Америкаи Ҷанубӣ	[amerikai dʒanubi:]
Antártida (f)	Антарктида	[antarktida]
Ártico (m)	Арктика	[arktika]

124. Pontos cardeais

norte (m)	**шимол**	[ʃimol]
para norte	**ба шимол**	[ba ʃimol]
no norte	**дар шимол**	[dar ʃimol]
do norte	**шимолӣ, ... и шимол**	[ʃimoli:], [i ʃimol]
sul (m)	**ҷануб**	[ʤanub]
para sul	**ба ҷануб**	[ba ʤanub]
no sul	**дар ҷануб**	[dar ʤanub]
do sul	**ҷанубӣ, ... и ҷануб**	[ʤanubi:], [i ʤanub]
oeste, ocidente (m)	**ғарб**	[ʁarb]
para oeste	**ба ғарб**	[ba ʁarb]
no oeste	**дар ғарб**	[dar ʁarb]
ocidental	**ғарбӣ, ... и ғарб**	[ʁarbi:], [i ʁarb]
leste, oriente (m)	**шарқ**	[ʃarq]
para leste	**ба шарқ**	[ba ʃarq]
no leste	**дар шарқ**	[dar ʃarq]
oriental	**шарқӣ**	[ʃarqi:]

125. Mar. Oceano

mar (m)	**баҳр**	[bahr]
oceano (m)	**уқёнус**	[uqjɔnus]
golfo (m)	**халиҷ**	[χaliʤ]
estreito (m)	**гулӯгоҳ**	[gulœgoh]
terra (f) firme	**хушкӣ, замин**	[χuʃki:], [zamin]
continente (m)	**материк, қитъа**	[materik], [qit'a]
ilha (f)	**ҷазира**	[ʤazira]
península (f)	**нимҷазира**	[nimʤazira]
arquipélago (m)	**галаҷазира**	[galaʤazira]
baía (f)	**халиҷ**	[χaliʤ]
porto (m)	**бандар**	[bandar]
lagoa (f)	**лагуна**	[laguna]
cabo (m)	**димоға**	[dimoʁa]
atol (m)	**атолл**	[atoll]
recife (m)	**харсанги зериобӣ**	[χarsangi zeriobi:]
coral (m)	**марҷон**	[marʤon]
recife (m) de coral	**обсанги марҷонӣ**	[obsangi marʤoni:]
profundo	**чуқур**	[ʧuqur]
profundidade (f)	**чуқурӣ**	[ʧuquri:]
abismo (m)	**қаър**	[qa'r]
fossa (f) oceânica	**чуқурӣ**	[ʧuquri:]
corrente (f)	**ҷараён**	[ʤarajɔn]
banhar (vt)	**шустан**	[ʃustan]

litoral (m)	**соҳил, соҳили баҳр**	[sohil], [sohili bahr]
costa (f)	**соҳил**	[sohil]
maré (f) alta	**мадд**	[madd]
refluxo (m), maré (f) baixa	**ҷазр**	[ʤazr]
restinga (f)	**пастоб**	[pastob]
fundo (m)	**қаър**	[qa'r]
onda (f)	**мавҷ**	[mavʤ]
crista (f) da onda	**теғаи мавҷ**	[teʁai mavʤ]
espuma (f)	**кафк**	[kafk]
tempestade (f)	**тӯфон, бӯрои**	[tœfon], [bœroi]
furacão (m)	**тундбод**	[tundbod]
tsunami (m)	**сунами**	[sunami]
calmaria (f)	**сукунати ҳаво**	[sukunati havo]
calmo	**ором**	[orom]
polo (m)	**қутб**	[qutb]
polar	**қутбӣ**	[qutbi:]
latitude (f)	**арз**	[arz]
longitude (f)	**тӯл**	[tœl]
paralela (f)	**параллел**	[parallel]
equador (m)	**хати истиво**	[χati istivo]
céu (m)	**осмон**	[osmon]
horizonte (m)	**уфуқ**	[ufuq]
ar (m)	**ҳаво**	[havo]
farol (m)	**мино**	[mino]
mergulhar (vi)	**ғӯта задан**	[ʁœta zadan]
afundar-se (vr)	**ғарқ шудан**	[ʁarq ʃudan]
tesouros (m pl)	**ганҷ**	[ganʤ]

126. Nomes de Mares e Oceanos

Oceano (m) Atlântico	**Уқёнуси Атлантик**	[uqjɔnusi atlantik]
Oceano (m) Índico	**Уқёнуси Ҳинд**	[uqjɔnusi hind]
Oceano (m) Pacífico	**Уқёнуси Ором**	[uqjɔnusi orom]
Oceano (m) Ártico	**Уқёнуси яхбастаи шимолӣ**	[uqjɔnusi jaχbastai ʃimoli:]
Mar (m) Negro	**Баҳри Сиёҳ**	[bahri sijɔh]
Mar (m) Vermelho	**Баҳри Сурх**	[bahri surχ]
Mar (m) Amarelo	**Баҳри Зард**	[bahri zard]
Mar (m) Branco	**Баҳри Сафед**	[bahri safed]
Mar (m) Cáspio	**Баҳри Хазар**	[bahri χazar]
Mar (m) Morto	**Баҳри Майит**	[bahri majit]
Mar (m) Mediterrâneo	**Баҳри Миёназамин**	[bahri mijɔnazamin]
Mar (m) Egeu	**Баҳри Эгей**	[bahri ɛgej]
Mar (m) Adriático	**Баҳри Адриатика**	[bahri adriatika]
Mar (m) Arábico	**Баҳри Арави**	[bahri aravi]

Mar (m) do Japão	**Баҳри Ҷопон**	[bahri dʒopon]
Mar (m) de Bering	**Баҳри Беринг**	[bahri bering]
Mar (m) da China Meridional	**Баҳри Хитойи Ҷанубӣ**	[bahri χitoji dʒanubi:]
Mar (m) de Coral	**Баҳри Марҷон**	[bahri mardʒon]
Mar (m) de Tasman	**Баҳри Тасман**	[bahri tasman]
Mar (m) do Caribe	**Баҳри Кариб**	[bahri karib]
Mar (m) de Barents	**Баҳри Баренс**	[bahri barens]
Mar (m) de Kara	**Баҳри Кара**	[bahri kara]
Mar (m) do Norte	**Баҳри Шимолӣ**	[bahri ʃimoli:]
Mar (m) Báltico	**Баҳри Балтика**	[bahri baltika]
Mar (m) da Noruega	**Баҳри Норвегия**	[bahri norvegija]

127. Montanhas

montanha (f)	**кӯҳ**	[kœh]
cordilheira (f)	**силсилакӯҳ**	[silsilakœh]
serra (f)	**қаторкӯҳ**	[qatorkœh]
cume (m)	**кулла**	[kulla]
pico (m)	**қулла**	[qulla]
sopé (m)	**доманаи кӯҳ**	[domanai kœh]
declive (m)	**нишебӣ**	[niʃebi:]
vulcão (m)	**вулқон**	[vulqon]
vulcão (m) ativo	**вулқони амалкунанда**	[vulqoni amalkunanda]
vulcão (m) extinto	**вулқони хомӯшшуда**	[vulqoni χomœʃʃuda]
erupção (f)	**оташфишонӣ**	[otaʃfiʃoni:]
cratera (f)	**танӯра**	[tanœra]
magma (m)	**магма, тафта**	[magma], [tafta]
lava (f)	**гудоза**	[gudoza]
fundido (lava ~a)	**тафта**	[tafta]
desfiladeiro (m)	**оббурда, дара**	[obburda], [dara]
garganta (f)	**дара**	[dara]
fenda (f)	**тангно**	[tangno]
precipício (m)	**партгоҳ**	[partgoh]
passo, colo (m)	**ағба**	[aʁba]
planalto (m)	**пуштаи кӯҳ**	[puʃtai kœh]
falésia (f)	**шух**	[ʃuχ]
colina (f)	**теппа**	[teppa]
glaciar (m)	**пирях**	[pirjaχ]
queda (f) d'água	**шаршара**	[ʃarʃara]
géiser (m)	**гейзер**	[gejzer]
lago (m)	**кул**	[kul]
planície (f)	**ҳамворӣ**	[hamvori:]
paisagem (f)	**манзара**	[manzara]
eco (m)	**акси садо**	[aksi sado]

alpinista (m)	**кӯҳнавард**	[kœhnavard]
escalador (m)	**шухпаймо**	[ʃuχpajmo]
conquistar (vt)	**фатҳ кардан**	[fath kardan]
subida, escalada (f)	**болобарой**	[bolobaroi:]

128. Nomes de montanhas

Alpes (m pl)	**Кӯҳҳои Алп**	[kœhhoi alp]
monte Branco (m)	**Монблан**	[monblan]
Pirineus (m pl)	**Кӯҳҳои Пиреней**	[kœhhoi pirenej]
Cárpatos (m pl)	**Кӯҳҳои Карпат**	[kœhhoi karpat]
montes (m pl) Urais	**Кӯҳҳои Урал**	[kœhhoi ural]
Cáucaso (m)	**Кӯҳҳои Кавказ**	[kœhhoi kavkaz]
Elbrus (m)	**Елбруз**	[elbruz]
Altai (m)	**Алтай**	[altaj]
Tian Shan (m)	**Тиёншон**	[tijɔnʃon]
Pamir (m)	**Кӯҳҳои Помир**	[kœhhoi pomir]
Himalaias (m pl)	**Ҳимолой**	[himoloj]
monte (m) Everest	**Эверест**	[ɛverest]
Cordilheira (f) dos Andes	**Кӯҳҳои Анд**	[kœhhoi and]
Kilimanjaro (m)	**Килиманҷаро**	[kilimanʤaro]

129. Rios

rio (m)	**дарё**	[darjɔ]
fonte, nascente (f)	**чашма**	[ʧaʃma]
leito (m) do rio	**маҷрои дарё**	[maʤroi darjɔ]
bacia (f)	**ҳавза**	[havza]
desaguar no ...	**рехтан ба ...**	[reχtan ba]
afluente (m)	**шохоб**	[ʃoχob]
margem (do rio)	**соҳил**	[sohil]
corrente (f)	**ҷараён**	[ʤarajɔn]
rio abaixo	**мувофиқи рафти об**	[muvofiqi rafti ob]
rio acima	**муқобили самти об**	[muqobili samti ob]
inundação (f)	**обхезӣ**	[obχezi:]
cheia (f)	**обхез**	[obχez]
transbordar (vi)	**дамидан**	[damidan]
inundar (vt)	**зер кардан**	[zer kardan]
banco (m) de areia	**тунукоба**	[tunukoba]
rápidos (m pl)	**мавҷрез**	[mavʤrez]
barragem (f)	**сарбанд**	[sarband]
canal (m)	**канал**	[kanal]
reservatório (m) de água	**обанбор**	[obanbor]
eclusa (f)	**шлюз**	[ʃljuz]

corpo (m) de água	**обанбор**	[obanbor]
pântano (m)	**ботлоқ, ботқоқ**	[botloq], [botqoq]
tremedal (m)	**ботлоқ**	[botloq]
remoinho (m)	**гирдоб**	[girdob]
arroio, regato (m)	**ҷӯй**	[ʤœj]
potável	**нӯшиданӣ**	[nœʃidani:]
doce (água)	**ширин**	[ʃirin]
gelo (m)	**ях**	[jaχ]
congelar-se (vr)	**ях бастан**	[jaχ bastan]

130. Nomes de rios

rio Sena (m)	**Сена**	[sena]
rio Loire (m)	**Луара**	[luara]
rio Tamisa (m)	**Темза**	[temza]
rio Reno (m)	**Рейн**	[rejn]
rio Danúbio (m)	**Дунай**	[dunaj]
rio Volga (m)	**Волга**	[volga]
rio Don (m)	**Дон**	[don]
rio Lena (m)	**Лена**	[lena]
rio Amarelo (m)	**Хуанхе**	[χuanχe]
rio Yangtzé (m)	**Янсзи**	[janszi]
rio Mekong (m)	**Меконг**	[mekong]
rio Ganges (m)	**Ганга**	[ganga]
rio Nilo (m)	**Нил**	[nil]
rio Congo (m)	**Конго**	[kongo]
rio Cubango (m)	**Окаванго**	[okavango]
rio Zambeze (m)	**Замбези**	[zambezi]
rio Limpopo (m)	**Лимпопо**	[limpopo]
rio Mississípi (m)	**Миссисипи**	[missisipi]

131. Floresta

floresta (f), bosque (m)	**ҷангал**	[ʤangal]
florestal	**ҷангалӣ**	[ʤangali:]
mata (f) cerrada	**ҷангалзор**	[ʤangalzor]
arvoredo (m)	**дарахтзор**	[daraχtzor]
clareira (f)	**чаман**	[ʧaman]
matagal (m)	**буттазор**	[buttazor]
mato (m)	**буттазор**	[buttazor]
vereda (f)	**пайраҳа**	[pajraha]
ravina (f)	**оббурда**	[obburda]
árvore (f)	**дарахт**	[daraχt]

folha (f)	**барг**	[barg]
folhagem (f)	**баргҳои дарахт**	[barghoi daraχt]
queda (f) das folhas	**баргрезӣ**	[bargrezi:]
cair (vi)	**рехтан**	[reχtan]
topo (m)	**нӯг**	[nœg]
ramo (m)	**шох, шохча**	[ʃoχ], [ʃoχʧa]
galho (m)	**шохи дарахг**	[ʃoχi daraχg]
botão, rebento (m)	**муғча**	[muʁʤa]
agulha (f)	**сӯзан**	[sœzan]
pinha (f)	**чалғӯза**	[ʤalʁœza]
buraco (m) de árvore	**сӯрохи дарахт**	[sœroχi daraχt]
ninho (m)	**ошёна, лона**	[oʃɔna], [lona]
toca (f)	**хона**	[χona]
tronco (m)	**тана**	[tana]
raiz (f)	**реша**	[reʃa]
casca (f) de árvore	**пӯсти дарахт**	[pœsti daraχt]
musgo (m)	**ушна**	[uʃna]
arrancar pela raiz	**реша кофтан**	[reʃa koftan]
cortar (vt)	**зада буридан**	[zada buridan]
desflorestar (vt)	**бурида нест кардан**	[burida nest kardan]
toco, cepo (m)	**кундаи дарахт**	[kundai daraχt]
fogueira (f)	**гулхан**	[gulχan]
incêndio (m) florestal	**сӯхтор, оташ**	[sœχtor], [otaʃ]
apagar (vt)	**хомӯш кардан**	[χomœʃ kardan]
guarda-florestal (m)	**ҷангалбон**	[ʤangalbon]
proteção (f)	**нигоҳбонӣ**	[nigohboni:]
proteger (a natureza)	**нигоҳбонӣ кардан**	[nigohboni: kardan]
caçador (m) furtivo	**қӯрукшикан**	[qœruqʃikan]
armadilha (f)	**қапқон, дом**	[qapqon], [dom]
colher (cogumelos, bagas)	**чидан**	[ʧidan]
perder-se (vr)	**роҳ гум кардан**	[roh gum kardan]

132. Recursos naturais

recursos (m pl) naturais	**захираҳои табиӣ**	[zaχirahoi tabi:i:]
minerais (m pl)	**маъданҳои фоиданок**	[ma'danhoi foidanok]
depósitos (m pl)	**кон, маъдаи**	[kon], [ma'dai]
jazida (f)	**кон**	[kon]
extrair (vt)	**кандан**	[kandan]
extração (f)	**канданӣ**	[kandani:]
minério (m)	**маъдан**	[ma'dan]
mina (f)	**кон**	[kon]
poço (m) de mina	**чоҳ**	[ʧoh]
mineiro (m)	**конкан**	[konkan]
gás (m)	**газ**	[gaz]

gasoduto (m)	**қубури газ**	[quburi gaz]
petróleo (m)	**нефт**	[neft]
oleoduto (m)	**қубури нефт**	[quburi neft]
poço (m) de petróleo	**чоҳи нафт**	[ʧohi naft]
torre (f) petrolífera	**бурҷи нафткашӣ**	[burʤi naftkaʃi:]
petroleiro (m)	**танкер**	[tanker]
areia (f)	**рег**	[reg]
calcário (m)	**оҳаксанг**	[ohaksang]
cascalho (m)	**сангреза, шағал**	[sangreza], [ʃaʁal]
turfa (f)	**торф**	[torf]
argila (f)	**гил**	[gil]
carvão (m)	**ангишт**	[angiʃt]
ferro (m)	**оҳан**	[ohan]
ouro (m)	**зар, тилло**	[zar], [tillo]
prata (f)	**нуқра**	[nuqra]
níquel (m)	**никел**	[nikel]
cobre (m)	**мис**	[mis]
zinco (m)	**руҳ**	[ruh]
manganês (m)	**манган**	[mangan]
mercúrio (m)	**симоб**	[simob]
chumbo (m)	**сурб**	[surb]
mineral (m)	**минерал, маъдан**	[mineral], [ma'dan]
cristal (m)	**булӯр, шӯша**	[bulœr], [ʃœʃa]
mármore (m)	**мармар**	[marmar]
urânio (m)	**уран**	[uran]

A Terra. Parte 2

133. Tempo

tempo (m)	**обу ҳаво**	[obu havo]
previsão (f) do tempo	**пешгӯии ҳаво**	[peʃgœi:i havo]
temperatura (f)	**ҳарорат**	[harorat]
termómetro (m)	**ҳароратсанҷ**	[haroratsandʒ]
barómetro (m)	**барометр, ҳавосанҷ**	[barometr], [havosandʒ]
húmido	**намнок**	[namnok]
humidade (f)	**намӣ, рутубат**	[nami:], [rutubat]
calor (m)	**гармӣ**	[garmi:]
cálido	**тафсон**	[tafson]
está muito calor	**ҳаво тафсон аст**	[havo tafson ast]
está calor	**ҳаво гарм аст**	[havo garm ast]
quente	**гарм**	[garm]
está frio	**ҳаво сард аст**	[havo sard ast]
frio	**хунук, сард**	[χunuk], [sard]
sol (m)	**офтоб**	[oftob]
brilhar (vi)	**тобидан**	[tobidan]
de sol, ensolarado	**... и офтоб**	[i oftob]
nascer (vi)	**баромадан**	[baromadan]
pôr-se (vr)	**паст шудан**	[past ʃudan]
nuvem (f)	**абр**	[abr]
nublado	**... и абр, абрӣ**	[i abr], [abri:]
nuvem (f) preta	**абри сиёҳ**	[abri sijɔh]
escuro, cinzento	**абрнок**	[abrnok]
chuva (f)	**борон**	[boron]
está a chover	**борон меборад**	[boron meborad]
chuvoso	**серборон**	[serboron]
chuviscar (vi)	**сим-сим боридан**	[sim-sim boridan]
chuva (f) torrencial	**борони сахт**	[boroni saχt]
chuvada (f)	**борони сел**	[boroni sel]
forte (chuva)	**сахт**	[saχt]
poça (f)	**кӯлмак**	[kœlmak]
molhar-se (vr)	**шилтиқ шудан**	[ʃiltiq ʃudan]
nevoeiro (m)	**туман**	[tuman]
de nevoeiro	**... и туман**	[i tuman]
neve (f)	**барф**	[barf]
está a nevar	**барф меборад**	[barf meborad]

134. Tempo extremo. Catástrofes naturais

trovoada (f)	**раъду барк**	[ra'du bark]
relâmpago (m)	**барқ**	[barq]
relampejar (vi)	**дурахшидан**	[duraχʃidan]
trovão (m)	**тундар**	[tundar]
trovejar (vi)	**гулдуррос задан**	[guldurros zadan]
está a trovejar	**раъд гулдуррос мезанад**	[ra'd guldurros mezanad]
granizo (m)	**жола**	[ʒola]
está a cair granizo	**жола меборад**	[ʒola meborad]
inundar (vt)	**зер кардан**	[zer kardan]
inundação (f)	**обхезӣ**	[obχezi:]
terremoto (m)	**заминҷунбӣ**	[zamindʒunbi:]
abalo, tremor (m)	**заминҷунбӣ,такон**	[zamindʒunbi:,takon]
epicentro (m)	**эпимарказ**	[ɛpimarkaz]
erupção (f)	**оташфишонӣ**	[otaʃfiʃoni:]
lava (f)	**гудоза**	[gudoza]
turbilhão (m)	**гирдбод**	[girdbod]
tornado (m)	**торнадо**	[tornado]
tufão (m)	**тӯфон**	[tœfon]
furacão (m)	**тундбод**	[tundbod]
tempestade (f)	**тӯфон, бӯрои**	[tœfon], [bœroi]
tsunami (m)	**сунами**	[sunami]
ciclone (m)	**сиклон**	[siklon]
mau tempo (m)	**ҳавои бад**	[havoi bad]
incêndio (m)	**сӯхтор, оташ**	[sœχtor], [otaʃ]
catástrofe (f)	**садама, фалокат**	[sadama], [falokat]
meteorito (m)	**метеорит, шиҳобпора**	[meteorit], [ʃihobpora]
avalanche (f)	**тарма**	[tarma]
deslizamento (m) de neve	**тарма**	[tarma]
nevasca (f)	**бӯрони барфӣ**	[bœroni barfi:]
tempestade (f) de neve	**бӯрон**	[bœron]

Fauna

135. Mamíferos. Predadores

predador (m)	**дарранда**	[darranda]
tigre (m)	**бабр, паланг**	[babr], [palang]
leão (m)	**шер**	[ʃer]
lobo (m)	**гург**	[gurg]
raposa (f)	**рӯбоҳ**	[rœboh]
jaguar (m)	**юзи ало**	[juzi alo]
leopardo (m)	**паланг**	[palang]
chita (f)	**юз**	[juz]
pantera (f)	**пантера**	[pantera]
puma (m)	**пума**	[puma]
leopardo-das-neves (m)	**шерпаланг**	[ʃerpalang]
lince (m)	**силовсин**	[silovsin]
coiote (m)	**койот**	[kojɔt]
chacal (m)	**шагол**	[ʃagol]
hiena (f)	**кафтор**	[kaftor]

136. Animais selvagens

animal (m)	**ҳайвон**	[hajvon]
besta (f)	**ҳайвони ваҳшӣ**	[hajvoni vahʃi:]
esquilo (m)	**санҷоб**	[sandʒob]
ouriço (m)	**хорпушт**	[χorpuʃt]
lebre (f)	**заргӯш**	[zargœʃ]
coelho (m)	**харгӯш**	[χargœʃ]
texugo (m)	**қашқалдоқ**	[qaʃqaldoq]
guaxinim (m)	**енот**	[enot]
hamster (m)	**миримӯшон**	[mirimœʃon]
marmota (f)	**суғур**	[suʁur]
toupeira (f)	**кӯрмуш**	[kœrmuʃ]
rato (m)	**муш**	[muʃ]
ratazana (f)	**калламуш**	[kallamuʃ]
morcego (m)	**кӯршапарак**	[kœrʃaparak]
arminho (m)	**қоқум**	[qoqum]
zibelina (f)	**самур**	[samur]
marta (f)	**савсор**	[savsor]
doninha (f)	**росу**	[rosu]
vison (m)	**вашақ**	[vaʃaq]

castor (m)	**кундуз**	[kunduz]
lontra (f)	**сагоби**	[sagobi]
cavalo (m)	**асп**	[asp]
alce (m)	**шоҳгавазн**	[ʃohgavazn]
veado (m)	**гавазн**	[gavazn]
camelo (m)	**шутур, уштур**	[ʃutur], [uʃtur]
bisão (m)	**бизон**	[bizon]
auroque (m)	**гови ваҳшӣ**	[govi vahʃi:]
búfalo (m)	**говмеш**	[govmeʃ]
zebra (f)	**гӯрхар**	[gœrχar]
antílope (m)	**антилопа, ғизол**	[antilopa], [ʁizol]
corça (f)	**оҳу**	[ohu]
gamo (m)	**оҳу**	[ohu]
camurça (f)	**нахчир, бузи кӯҳӣ**	[naχʧir], [buzi kœhi:]
javali (m)	**хуки ваҳши**	[χuki vahʃi]
baleia (f)	**кит, наҳанг**	[kit], [nahang]
foca (f)	**тюлен**	[tjulen]
morsa (f)	**морж**	[morʒ]
urso-marinho (m)	**гурбаи обӣ**	[gurbai obi:]
golfinho (m)	**делфин**	[delfin]
urso (m)	**хирс**	[χirs]
urso (m) branco	**хирси сафед**	[χirsi safed]
panda (m)	**панда**	[panda]
macaco (em geral)	**маймун**	[majmun]
chimpanzé (m)	**шимпанзе**	[ʃimpanze]
orangotango (m)	**орангутанг**	[orangutang]
gorila (m)	**горилла**	[gorilla]
macaco (m)	**макака**	[makaka]
gibão (m)	**гиббон**	[gibbon]
elefante (m)	**фил**	[fil]
rinoceronte (m)	**карк, каркадан**	[kark], [karkadan]
girafa (f)	**заррофа**	[zarrofa]
hipopótamo (m)	**баҳмут**	[bahmut]
canguru (m)	**кенгуру**	[kenguru]
coala (m)	**коала**	[koala]
mangusto (m)	**росу**	[rosu]
chinchila (m)	**вашақ**	[vaʃaq]
doninha-fedorenta (f)	**скунс**	[skuns]
porco-espinho (m)	**ҷайра, дугпушт**	[ʤajra], [dugpuʃt]

137. Animais domésticos

gata (f)	**гурба**	[gurba]
gato (m) macho	**гурбаи нар**	[gurbai nar]
cão (m)	**саг**	[sag]

cavalo (m)	**асп**	[asp]
garanhão (m)	**айғир, аспи нар**	[ajʁir], [aspi nar]
égua (f)	**модиён, байтал**	[modijɔn], [bajtal]
vaca (f)	**гов**	[gov]
touro (m)	**барзагов**	[barzagov]
boi (m)	**барзагов**	[barzagov]
ovelha (f)	**меш, гӯсфанд**	[meʃ], [gœsfand]
carneiro (m)	**гӯсфанд**	[gœsfand]
cabra (f)	**буз**	[buz]
bode (m)	**така, серка**	[taka], [serka]
burro (m)	**хар, маркаб**	[χar], [markab]
mula (f)	**хачир**	[χatʃir]
porco (m)	**хуқ**	[χuq]
leitão (m)	**хукбача**	[χukbatʃa]
coelho (m)	**харгӯш**	[χargœʃ]
galinha (f)	**мурғ**	[murʁ]
galo (m)	**хурӯс**	[χurœs]
pata (f)	**мурғобӣ**	[murʁobi:]
pato (macho)	**мурғобии нар**	[murʁobi:i nar]
ganso (m)	**қоз, ғоз**	[qoz], [ʁoz]
peru (m)	**хурӯси мурғи марҷон**	[χurœsi murʁi mardʒon]
perua (f)	**мокиёни мурғи марҷон**	[mokijɔni murʁi mardʒon]
animais (m pl) domésticos	**ҳайвони хонагӣ**	[hajvoni χonagi:]
domesticado	**ромшуда**	[romʃuda]
domesticar (vt)	**дастомӯз кардан**	[dastomœz kardan]
criar (vt)	**калон кардан**	[kalon kardan]
quinta (f)	**ферма**	[ferma]
aves (f pl) domésticas	**паррандаи хонагӣ**	[parrandai χonagi:]
gado (m)	**чорво**	[tʃorvo]
rebanho (m), manada (f)	**пода**	[poda]
estábulo (m)	**саисхона, аспхона**	[saisχona], [aspχona]
pocilga (f)	**хукхона**	[χukχona]
estábulo (m)	**оғил, говхона**	[oʁil], [govχona]
coelheira (f)	**харгӯшхона**	[χargœʃχona]
galinheiro (m)	**мурғхона**	[murʁχona]

138. Pássaros

pássaro (m), ave (f)	**паранда**	[paranda]
pombo (m)	**кафтар**	[kaftar]
pardal (m)	**гунҷишк, чумчук**	[gundʒiʃk], [tʃumtʃuk]
chapim-real (m)	**фотимачумчуқ**	[fotimatʃumtʃuq]
pega-rabuda (f)	**акка**	[akka]
corvo (m)	**зоғ**	[zoʁ]

gralha (f) cinzenta	**зоғи ало**	[zoʁi alo]
gralha-de-nuca-cinzenta (f)	**зоғча**	[zoʁʧa]
gralha-calva (f)	**шӯрнӯл**	[ʃœrnœl]
pato (m)	**мурғобӣ**	[murʁobi:]
ganso (m)	**қоз, ғоз**	[qoz], [ʁoz]
faisão (m)	**тазарв**	[tazarv]
águia (f)	**укоб**	[ukob]
açor (m)	**пайғу**	[pajʁu]
falcão (m)	**боз, шоҳин**	[boz], [ʃohin]
abutre (m)	**каргас**	[kargas]
condor (m)	**кондор**	[kondor]
cisne (m)	**қу**	[qu]
grou (m)	**куланг, турна**	[kulang], [turna]
cegonha (f)	**лаклак**	[laklak]
papagaio (m)	**тӯтӣ**	[tœti:]
beija-flor (m)	**колибри**	[kolibri]
pavão (m)	**товус**	[tovus]
avestruz (m)	**шутурмурғ**	[ʃuturmurʁ]
garça (f)	**ҳавосил**	[havosil]
flamingo (m)	**бутимор**	[butimor]
pelicano (m)	**мурғи саққо**	[murʁi saqqo]
rouxinol (m)	**булбул**	[bulbul]
andorinha (f)	**фароштурук**	[faroʃturuk]
tordo-zornal (m)	**дурроҷ**	[durroʤ]
tordo-músico (m)	**дурроҷи хушхон**	[durroʤi χuʃχon]
melro-preto (m)	**дурроҷи сиёҳ**	[durroʤi sijɔh]
andorinhão (m)	**досак**	[dosak]
cotovia (f)	**ҷӯр, чаковак**	[ʤœr], [ʧakovak]
codorna (f)	**бедона**	[bedona]
cuco (m)	**фохтак**	[foχtak]
coruja (f)	**бум, ҷуғз**	[bum], [ʤuʁz]
corujão, bufo (m)	**чуғз**	[ʧuʁz]
tetraz-grande (m)	**дурроҷ**	[durroʤ]
tetraz-lira (m)	**титав**	[titav]
perdiz-cinzenta (f)	**кабк, каклик**	[kabk], [kaklik]
estorninho (m)	**сор, соч**	[sor], [soʧ]
canário (m)	**канарейка**	[kanarejka]
galinha-do-mato (f)	**рябчик**	[rjabʧik]
tentilhão (m)	**саъва**	[sa'va]
dom-fafe (m)	**севғар**	[sevʁar]
gaivota (f)	**моҳихӯрак**	[mohiχœrak]
albatroz (m)	**уқоби баҳрӣ**	[uqobi bahri:]
pinguim (m)	**пингвин**	[pingvin]

139. Peixes. Animais marinhos

brema (f)	**симмоҳӣ**	[simmohi:]
carpa (f)	**капур**	[kapur]
perca (f)	**аломоҳӣ**	[alomohi:]
siluro (m)	**лаққамоҳӣ**	[laqqamohi:]
lúcio (m)	**шӯртан**	[ʃœrtan]
salmão (m)	**озодмоҳӣ**	[ozodmohi:]
esturjão (m)	**тосмоҳӣ**	[tosmohi:]
arenque (m)	**шӯрмоҳӣ**	[ʃœrmohi:]
salmão (m)	**озодмохӣ**	[ozodmoχi:]
cavala, sarda (f)	**зағӯтамоҳӣ**	[zaʁœtamohi:]
solha (f)	**камбала**	[kambala]
lúcio perca (m)	**суфмоҳӣ**	[sufmohi:]
bacalhau (m)	**равғанмоҳӣ**	[ravʁanmohi:]
atum (m)	**самак**	[samak]
truta (f)	**гулмоҳӣ**	[gulmohi:]
enguia (f)	**мормоҳӣ**	[mormohi:]
raia elétrica (f)	**скати барқдор**	[skati barqdor]
moreia (f)	**мурена**	[murena]
piranha (f)	**пираня**	[piranja]
tubarão (m)	**наҳанг**	[nahang]
golfinho (m)	**делфин**	[delfin]
baleia (f)	**кит, наҳанг**	[kit], [nahang]
caranguejo (m)	**харчанг**	[χarʧang]
medusa, alforreca (f)	**медуза**	[meduza]
polvo (m)	**ҳаштпо**	[haʃtpo]
estrela-do-mar (f)	**ситораи баҳрӣ**	[sitorai bahri:]
ouriço-do-mar (m)	**хорпушти баҳрӣ**	[χorpuʃti bahri:]
cavalo-marinho (m)	**аспакмоҳӣ**	[aspakmohi:]
ostra (f)	**садафак**	[sadafak]
camarão (m)	**креветка**	[krevetka]
lavagante (m)	**харчанги баҳрӣ**	[χarʧangi bahri:]
lagosta (f)	**лангуст**	[langust]

140. Amfíbios. Répteis

serpente, cobra (f)	**мор**	[mor]
venenoso	**заҳрдор**	[zahrdor]
víbora (f)	**мори афъӣ**	[mori af'i:]
cobra-capelo, naja (f)	**мори айнакдор, кӯбро**	[mori ajnakdor], [kœbro]
pitão (m)	**мори печон**	[mori peʧon]
jiboia (f)	**мори печон**	[mori peʧon]
cobra-de-água (f)	**мори обӣ**	[mori obi:]

cascavel (f)	**шақшақамор**	[ʃaqʃaqamor]
anaconda (f)	**анаконда**	[anakonda]
lagarto (m)	**калтакалос**	[kaltakalos]
iguana (f)	**сусмор, игуана**	[susmor], [iguana]
varano (m)	**сусмор**	[susmor]
salamandra (f)	**калтакалос**	[kaltakalos]
camaleão (m)	**бӯқаламун**	[bœqalamun]
escorpião (m)	**каждум**	[kaʒdum]
tartaruga (f)	**сангпушт**	[sangpuʃt]
rã (f)	**қурбоққа**	[qurboqqa]
sapo (m)	**ғук, қурбоққаи чӯлӣ**	[ʁuk], [qurboqqai ʧœli:]
crocodilo (m)	**тимсоҳ**	[timsoh]

141. Insetos

inseto (m)	**ҳашарот**	[haʃarot]
borboleta (f)	**шапалак**	[ʃapalak]
formiga (f)	**мӯрча**	[mœrʧa]
mosca (f)	**магас**	[magas]
mosquito (m)	**пашша**	[paʃʃa]
escaravelho (m)	**гамбуск**	[gambusk]
vespa (f)	**ору**	[oru]
abelha (f)	**занбӯри асал**	[zanbœri asal]
mamangava (f)	**говзанбӯр**	[govzanbœr]
moscardo (m)	**ғурмагас**	[ʁurmagas]
aranha (f)	**тортанак**	[tortanak]
teia (f) de aranha	**тори тортанак**	[tori tortanak]
libélula (f)	**сӯзанак**	[sœzanak]
gafanhoto-do-campo (m)	**малах**	[malaχ]
traça (f)	**шапалак**	[ʃapalak]
barata (f)	**нонхӯрак**	[nonχœrak]
carraça (f)	**кана**	[kana]
pulga (f)	**кайк**	[kajk]
borrachudo (m)	**пашша**	[paʃʃa]
gafanhoto (m)	**малах**	[malaχ]
caracol (m)	**тӯкумшуллуқ**	[tœkumʃulluq]
grilo (m)	**чирчирак**	[ʧirʧirak]
pirilampo (m)	**шабтоб**	[ʃabtob]
joaninha (f)	**момохолак**	[momoχolak]
besouro (m)	**гамбуски саврӣ**	[gambuski savri:]
sanguessuga (f)	**шуллук**	[ʃulluk]
lagarta (f)	**кирм**	[kirm]
minhoca (f)	**кирм**	[kirm]
larva (f)	**кирм**	[kirm]

Flora

142. Árvores

árvore (f)	**дарахт**	[daraχt]
decídua	**паҳнбарг**	[pahnbarg]
conífera	**... и сӯзанбарг**	[i sœzanbarg]
perene	**ҳамешасабз**	[hameʃasabz]
macieira (f)	**дарахти себ**	[daraχti seb]
pereira (f)	**дарахти нок**	[daraχti nok]
cerejeira (f)	**дарахти гелос**	[daraχti gelos]
ginjeira (f)	**дарахти олуболу**	[daraχti olubolu]
ameixeira (f)	**дарахти олу**	[daraχti olu]
bétula (f)	**тӯс**	[tœs]
carvalho (m)	**булут**	[bulut]
tília (f)	**зерфун**	[zerfun]
choupo-tremedor (m)	**сиёҳбед**	[sijɔhbed]
bordo (m)	**заранг**	[zarang]
espruce-europeu (m)	**коч, ел**	[kodʒ], [el]
pinheiro (m)	**санавбар**	[sanavbar]
alerce, lariço (m)	**кочи баргрез**	[kodʒi bargrez]
abeto (m)	**пихта**	[piχta]
cedro (m)	**дарахти чалғӯза**	[daraχti dʒalʁœza]
choupo, álamo (m)	**сафедор**	[safedor]
tramazeira (f)	**ғубайро**	[ʁubajro]
salgueiro (m)	**бед**	[bed]
amieiro (m)	**роздор**	[rozdor]
faia (f)	**бук, олаш**	[buk], [olaʃ]
ulmeiro (m)	**дарахти ларг**	[daraχti larg]
freixo (m)	**шумтол**	[ʃumtol]
castanheiro (m)	**шоҳбулут**	[ʃohbulut]
magnólia (f)	**магнолия**	[magnolija]
palmeira (f)	**нахл**	[naχl]
cipreste (m)	**дарахти сарв**	[daraχti sarv]
mangue (m)	**дарахти анбаҳ**	[daraχti anbah]
embondeiro, baobá (m)	**баобаб**	[baobab]
eucalipto (m)	**эвкалипт**	[ɛvkalipt]
sequoia (f)	**секвойя**	[sekvojja]

143. Arbustos

arbusto (m)	**бутта**	[butta]
arbusto (m), moita (f)	**бутта**	[butta]

videira (f)	**ток**	[tok]
vinhedo (m)	**токзор**	[tokzor]
framboeseira (f)	**тамашк**	[tamaʃk]
groselheira-preta (f)	**қоти сиёҳ**	[qoti sijɔh]
groselheira-vermelha (f)	**коти сурх**	[koti surχ]
groselheira (f) espinhosa	**бектошӣ**	[bektoʃi:]
acácia (f)	**акатсия, ақоқиё**	[akatsija], [aqoqijɔ]
bérberis (f)	**буттаи зирк**	[buttai zirk]
jasmim (m)	**ёсуман**	[jɔsuman]
junípero (m)	**арча, ардаҷ**	[artʃa], [ardadʒ]
roseira (f)	**буттаи гул**	[buttai gul]
roseira (f) brava	**хуч**	[χutʃ]

144. Frutos. Bagas

fruta (f)	**мева, самар**	[meva], [samar]
frutas (f pl)	**меваҳо, самарҳо**	[mevaho], [samarho]
maçã (f)	**себ**	[seb]
pera (f)	**мурӯд, нок**	[murœd], [nok]
ameixa (f)	**олу**	[olu]
morango (m)	**қулфинай**	[qulfinaj]
ginja (f)	**олуболу**	[olubolu]
cereja (f)	**гелос**	[gelos]
uva (f)	**ангур**	[angur]
framboesa (f)	**тамашк**	[tamaʃk]
groselha (f) preta	**қоти сиёҳ**	[qoti sijɔh]
groselha (f) vermelha	**коти сурх**	[koti surχ]
groselha (f) espinhosa	**бектошӣ**	[bektoʃi:]
oxicoco (m)	**клюква**	[kljukva]
laranja (f)	**афлесун, пӯртахол**	[aflesun], [pœrtaχol]
tangerina (f)	**норанг**	[norang]
ananás (m)	**ананас**	[ananas]
banana (f)	**банан**	[banan]
tâmara (f)	**хурмо**	[χurmo]
limão (m)	**лиму**	[limu]
damasco (m)	**дарахти зардолу**	[daraχti zardolu]
pêssego (m)	**шафтолу**	[ʃaftolu]
kiwi (m)	**кивӣ**	[kivi:]
toranja (f)	**норинҷ**	[norindʒ]
baga (f)	**буттамева**	[buttameva]
bagas (f pl)	**буттамеваҳо**	[buttamevaho]
arando (m) vermelho	**брусника**	[brusnika]
morango-silvestre (m)	**тути заминӣ**	[tuti zamini:]
mirtilo (m)	**черника**	[tʃernika]

145. Flores. Plantas

flor (f)	**гул**	[gul]
ramo (m) de flores	**дастаи гул**	[dastai gul]
rosa (f)	**гул, гули садбарг**	[gul], [guli sadbarg]
tulipa (f)	**лола**	[lola]
cravo (m)	**гули мехак**	[guli meχak]
gladíolo (m)	**гули ёқут**	[guli jɔqut]
centáurea (f)	**тугмагул**	[tugmagul]
campânula (f)	**гули момо**	[guli momo]
dente-de-leão (m)	**коқу**	[koqu]
camomila (f)	**бобуна**	[bobuna]
aloé (m)	**уд, сабр, алоэ**	[ud], [sabr], [aloɛ]
cato (m)	**гули ханҷарӣ**	[guli χandʒari:]
fícus (m)	**тутанҷир**	[tutandʒir]
lírio (m)	**савсан**	[savsan]
gerânio (m)	**анҷибар**	[andʒibar]
jacinto (m)	**сунбул**	[sunbul]
mimosa (f)	**нозгул**	[nozgul]
narciso (m)	**наргис**	[nargis]
capuchinha (f)	**настаран**	[nastaran]
orquídea (f)	**саҳлаб, сӯҳлаб**	[sahlab], [sœhlab]
peónia (f)	**гули ашрафӣ**	[guli aʃrafi:]
violeta (f)	**бунафша**	[bunafʃa]
amor-perfeito (m)	**бунафшаи фарангӣ**	[bunafʃai farangi:]
não-me-esqueças (m)	**марзангӯш**	[marzangœʃ]
margarida (f)	**гули марворидак**	[guli marvoridak]
papoula (f)	**кӯкнор**	[kœknor]
cânhamo (m)	**бангдона, канаб**	[bangdona], [kanab]
hortelã (f)	**пудина**	[pudina]
lírio-do-vale (m)	**гули барфак**	[guli barfak]
campânula-branca (f)	**бойчечак**	[bojʧeʧak]
urtiga (f)	**газна**	[gazna]
azeda (f)	**шилха**	[ʃilχa]
nenúfar (m)	**нилуфари сафед**	[nilufari safed]
feto (m), samambaia (f)	**фарн**	[farn]
líquen (m)	**гулсанг**	[gulsang]
estufa (f)	**гулхона**	[gulχona]
relvado (m)	**чаман, сабзазор**	[ʧaman], [sabzazor]
canteiro (m) de flores	**гулзор**	[gulzor]
planta (f)	**растанӣ**	[rastani:]
erva (f)	**алаф**	[alaf]
folha (f) de erva	**хас**	[χas]

folha (f)	**барг**	[barg]
pétala (f)	**гулбарг**	[gulbarg]
talo (m)	**поя**	[poja]
tubérculo (m)	**бех, дона**	[beχ], [dona]
broto, rebento (m)	**неш**	[neʃ]
espinho (m)	**хор**	[χor]
florescer (vi)	**гул кардан**	[gul kardan]
murchar (vi)	**пажмурда шудан**	[paʒmurda ʃudan]
cheiro (m)	**бӯй**	[bœj]
cortar (flores)	**буридан**	[buridan]
colher (uma flor)	**кандан**	[kandan]

146. Cereais, grãos

grão (m)	**дона, ғалла**	[dona], [ʁalla]
cereais (plantas)	**растаниҳои ғалладона**	[rastanihoi ʁalladona]
espiga (f)	**хӯша**	[χœʃa]
trigo (m)	**гандум**	[gandum]
centeio (m)	**ҷавдор**	[ʤavdor]
aveia (f)	**ҳуртумон**	[hurtumon]
milho-miúdo (m)	**арзан**	[arzan]
cevada (f)	**ҷав**	[ʤav]
milho (m)	**ҷуворимакка**	[ʤuvorimakka]
arroz (m)	**шолӣ, биринҷ**	[ʃoli:], [birinʤ]
trigo-sarraceno (m)	**марҷумак**	[marʤumak]
ervilha (f)	**нахӯд**	[naχœd]
feijão (m)	**лӯбиё**	[lœbijɔ]
soja (f)	**соя**	[soja]
lentilha (f)	**наск**	[nask]
fava (f)	**лӯбиё**	[lœbijɔ]

PAÍSES. NACIONALIDADES

147. Europa Ocidental

União (f) Europeia	**Иттиҳоди Аврупо**	[ittihodi avrupo]
Áustria (f)	**Австрия**	[avstrija]
Grã-Bretanha (f)	**Инглистон**	[ingliston]
Inglaterra (f)	**Англия**	[anglija]
Bélgica (f)	**Белгия**	[belgija]
Alemanha (f)	**Олмон**	[olmon]
Países (m pl) Baixos	**Ҳоланд**	[holand]
Holanda (f)	**Ҳолландия**	[hollandija]
Grécia (f)	**Юнон**	[junon]
Dinamarca (f)	**Дания**	[danija]
Irlanda (f)	**Ирландия**	[irlandija]
Islândia (f)	**Исландия**	[islandija]
Espanha (f)	**Испониё**	[isponijɔ]
Itália (f)	**Итолиё**	[itolijɔ]
Chipre (m)	**Кипр**	[kipr]
Malta (f)	**Малта**	[malta]
Noruega (f)	**Норвегия**	[norvegija]
Portugal (m)	**Португалия**	[portugalija]
Finlândia (f)	**Финланд**	[finland]
França (f)	**Фаронса**	[faronsa]
Suécia (f)	**Шветсия**	[ʃvetsija]
Suíça (f)	**Швейсария**	[ʃvejsarija]
Escócia (f)	**Шотландия**	[ʃotlandija]
Vaticano (m)	**Вотикон**	[votikon]
Liechtenstein (m)	**Лихтенштейн**	[liχtenʃtejn]
Luxemburgo (m)	**Люксембург**	[ljuksemburg]
Mónaco (m)	**Монако**	[monako]

148. Europa Central e de Leste

Albânia (f)	**Албания**	[albanija]
Bulgária (f)	**Булғористон**	[bulʁoriston]
Hungria (f)	**Маҷористон**	[maʤoriston]
Letónia (f)	**Латвия**	[latvija]
Lituânia (f)	**Литва**	[litva]
Polónia (f)	**Полша, Лаҳистон**	[polʃa], [lahiston]
Roménia (f)	**Руминия**	[ruminija]
Sérvia (f)	**Сербия**	[serbija]

Eslováquia (f)	**Словакия**	[slovakija]
Croácia (f)	**Хорватия**	[χorvatija]
República (f) Checa	**Чехия**	[ʧeχija]
Estónia (f)	**Эстония**	[ɛstonija]
Bósnia e Herzegovina (f)	**Босния ва Ҳерсеговина**	[bosnija va hersegovina]
Macedónia (f)	**Мақдуния**	[maqdunija]
Eslovénia (f)	**Словения**	[slovenija]
Montenegro (m)	**Монтенегро**	[montenegro]

149. Países da ex-URSS

Azerbaijão (m)	**Озарбойҷон**	[ozarbojʤon]
Arménia (f)	**Арманистон**	[armaniston]
Bielorrússia (f)	**Беларус**	[belarus]
Geórgia (f)	**Гурҷистон**	[gurʤiston]
Cazaquistão (m)	**Қазоқистон**	[qazoqiston]
Quirguistão (m)	**Қирғизистон**	[qirʁiziston]
Moldávia (f)	**Молдова**	[moldova]
Rússia (f)	**Россия**	[rossija]
Ucrânia (f)	**Украйина**	[ukrajina]
Tajiquistão (m)	**Тоҷикистон**	[toʤikiston]
Turquemenistão (m)	**Туркманистон**	[turkmaniston]
Uzbequistão (f)	**Ӯзбакистон**	[œzbakiston]

150. Asia

Ásia (f)	**Осиё**	[osijɔ]
Vietname (m)	**Ветнам**	[vetnam]
Índia (f)	**Ҳиндустон**	[hinduston]
Israel (m)	**Исроил**	[isroil]
China (f)	**Чин**	[ʧin]
Líbano (m)	**Лубнон**	[lubnon]
Mongólia (f)	**Муғулистон**	[muʁuliston]
Malásia (f)	**Малайзия**	[malajzija]
Paquistão (m)	**Покистон**	[pokiston]
Arábia (f) Saudita	**Арабистони Саудӣ**	[arabistoni saudi:]
Tailândia (f)	**Таиланд**	[tailand]
Taiwan (m)	**Тайван**	[tajvan]
Turquia (f)	**Туркия**	[turkija]
Japão (m)	**Жопун, Ҷопон**	[ʒopun], [ʤopon]
Afeganistão (m)	**Афғонистон**	[afʁoniston]
Bangladesh (m)	**Бангладеш**	[bangladeʃ]
Indonésia (f)	**Индонезия**	[indonezija]
Jordânia (f)	**Урдун**	[urdun]
Iraque (m)	**Ироқ**	[iroq]

Irão (m)	**Эрон**	[ɛron]
Camboja (f)	**Камбоҷа**	[kambodʒa]
Kuwait (m)	**Кувайт**	[kuvajt]
Laos (m)	**Лаос**	[laos]
Myanmar (m), Birmânia (f)	**Мянма**	[mjanma]
Nepal (m)	**Непал**	[nepal]
Emirados Árabes Unidos	**Иморатҳои Муттаҳидаи Араб**	[imorathoi muttahidai arab]
Síria (f)	**Сурия**	[surija]
Palestina (f)	**Фаластин**	[falastin]
Coreia do Sul (f)	**Кореяи Ҷанубӣ**	[korejai dʒanubi:]
Coreia do Norte (f)	**Кореяи Шимолӣ**	[korejai ʃimoli:]

151. América do Norte

Estados Unidos da América	**Иёлоти Муттаҳидаи Америка**	[ijɔloti muttahidai amerika]
Canadá (m)	**Канада**	[kanada]
México (m)	**Мексика**	[meksika]

152. América Central do Sul

Argentina (f)	**Аргентина**	[argentina]
Brasil (m)	**Бразилия**	[brazilija]
Colômbia (f)	**Колумбия**	[kolumbija]
Cuba (f)	**Куба**	[kuba]
Chile (m)	**Чиле**	[ʧile]
Bolívia (f)	**Боливия**	[bolivija]
Venezuela (f)	**Венесуэла**	[venesuɛla]
Paraguai (m)	**Парагвай**	[paragvaj]
Peru (m)	**Перу**	[peru]
Suriname (m)	**Суринам**	[surinam]
Uruguai (m)	**Уругвай**	[urugvaj]
Equador (m)	**Эквадор**	[ɛkvador]
Bahamas (f pl)	**Ҷазираҳои Багам**	[dʒazirahoi bagam]
Haiti (m)	**Гаити**	[gaiti]
República (f) Dominicana	**Ҷумҳурии Доминикан**	[dʒumhuri:i dominikan]
Panamá (m)	**Панама**	[panama]
Jamaica (f)	**Ямайка**	[jamajka]

153. Africa

Egito (m)	**Миср**	[misr]
Marrocos	**Марокаш**	[marokaʃ]

Tunísia (f)	**Тунис**	[tunis]
Gana (f)	**Гана**	[gana]
Zanzibar (m)	**Занзибар**	[zanzibar]
Quénia (f)	**Кения**	[kenija]
Líbia (f)	**Либия**	[libija]
Madagáscar (m)	**Мадагаскар**	[madagaskar]
Namíbia (f)	**Намибия**	[namibija]
Senegal (m)	**Сенегал**	[senegal]
Tanzânia (f)	**Танзания**	[tanzanija]
África do Sul (f)	**Африқои Ҷанубӣ**	[afriqoi ʤanubi:]

154. Austrália. Oceania

Austrália (f)	**Австралия**	[avstralija]
Nova Zelândia (f)	**Зеландияи Нав**	[zelandijai nav]
Tasmânia (f)	**Тасмания**	[tasmanija]
Polinésia Francesa (f)	**Полинезияи Фаронсавӣ**	[polinezijai faronsavi:]

155. Cidades

Amesterdão	**Амстердам**	[amsterdam]
Ancara	**Анкара**	[ankara]
Atenas	**Афина**	[afina]
Bagdade	**Бағдод**	[baʁdod]
Banguecoque	**Бангкок**	[bangkok]
Barcelona	**Барселона**	[barselona]
Beirute	**Бейрут**	[bejrut]
Berlim	**Берлин**	[berlin]
Bombaim	**Бомбей**	[bombej]
Bona	**Бонн**	[bonn]
Bordéus	**Бордо**	[bordo]
Bratislava	**Братислава**	[bratislava]
Bruxelas	**Брюссел**	[brjussel]
Bucareste	**Бухарест**	[buχarest]
Budapeste	**Будапешт**	[budapeʃt]
Cairo	**Қоҳира**	[qohira]
Calcutá	**Калкутта**	[kalkutta]
Chicago	**Чикаго**	[ʧikago]
Cidade do México	**Мехико**	[meχiko]
Copenhaga	**Копенҳаген**	[kopenhagen]
Dar es Salaam	**Дар ес Салаам**	[dar es salaam]
Deli	**Деҳли**	[dehli]
Dubai	**Дубай**	[dubaj]
Dublin, Dublim	**Дублин**	[dublin]
Estocolmo	**Стокҳолм**	[stokholm]
Florença	**Флоренсия**	[florensija]

Frankfurt	**Франкфурт**	[frankfurt]
Genebra	**Женева**	[ʒeneva]
Haia	**Гаага**	[gaaga]
Hamburgo	**Гамбург**	[gamburg]
Hanói	**Ҳаной**	[hanoj]
Havana	**Гавана**	[gavana]
Helsínquia	**Ҳелсинки**	[helsinki]
Hiroshima	**Ҳиросима**	[hirosima]
Hong Kong	**Ҳонг Конг**	[hong kong]
Istambul	**Истамбул**	[istambul]
Jerusalém	**Иерусалим**	[ierusalim]
Kiev	**Киев**	[kiev]
Kuala Lumpur	**Куала Лумпур**	[kuala lumpur]
Lisboa	**Лиссабон**	[lissabon]
Londres	**Лондон**	[london]
Los Angeles	**Лос-Анҷелес**	[los-andʒeles]
Lion	**Лион**	[lion]
Madrid	**Мадрид**	[madrid]
Marselha	**Марсел**	[marsel]
Miami	**Майами**	[majami]
Montreal	**Монреал**	[monreal]
Moscovo	**Москва**	[moskva]
Munique	**Мюнхен**	[mjunχen]
Nairóbi	**Найроби**	[najrobi]
Nápoles	**Неапол**	[neapol]
Nice	**Нитсса**	[nitssa]
Nova York	**Ню Йорк**	[nju jɔrk]
Oslo	**Осло**	[oslo]
Ottawa	**Оттава**	[ottava]
Paris	**Париж**	[pariʒ]
Pequim	**Пекин**	[pekin]
Praga	**Прага**	[praga]
Rio de Janeiro	**Рио-де-Жанейро**	[rio-de-ʒanejro]
Roma	**Рим**	[rim]
São Petersburgo	**Санкт-Петербург**	[sankt-peterburg]
Seul	**Сеул**	[seul]
Singapura	**Сингапур**	[singapur]
Sydney	**Сидней**	[sidnej]
Taipé	**Тайпей**	[tajpej]
Tóquio	**Токио**	[tokio]
Toronto	**Торонто**	[toronto]
Varsóvia	**Варшава**	[varʃava]
Veneza	**Венетсия**	[venetsija]
Viena	**Вена**	[vena]
Washington	**Вашингтон**	[vaʃington]
Xangai	**Шанҳай**	[ʃanhaj]

www.ingramcontent.com/pod-product-compliance
Lightning Source LLC
Chambersburg PA
CBHW070603050426
42450CB00011B/2966